Franz Walter

Im Herbst der Volksparteien?

Franz Walter

Im Herbst der Volksparteien?

Eine kleine Geschichte von Aufstieg und Rückgang politischer Massenintegration

[transcript] X T E X T E

Bibliografische Information der Deutschen Nationalbibliothek
Die Deutsche Nationalbibliothek verzeichnet diese Publikation in der Deutschen Nationalbibliografie; detaillierte bibliografische Daten sind im Internet über http://dnb.d-nb.de abrufbar.

2. unveränderte Auflage 2009

Umschlaggestaltung: Kordula Röckenhaus, Bielefeld
Korrektorat: Jennifer Niediek, Bielefeld; Linda Lehmann, Bielefeld
Satz: Alexander Masch, Bielefeld
Druck: Majuskel Medienproduktion GmbH, Wetzlar
ISBN 978-3-8376-1141-0

Gedruckt auf alterungsbeständigem Papier mit chlorfrei gebleichtem Zellstoff.

Besuchen Sie uns im Internet: *http://www.transcript-verlag.de*

Bitte fordern Sie unser Gesamtverzeichnis und andere Broschüren an unter: *info@transcript-verlag.de*

Inhalt

Vorwort

Vor knapp zehn Jahren hat der Verfasser ein Buch über die wachsende Heimatlosigkeit der Parteien publiziert. Die Studie versuchte, einen historisch weiten Bogen von der Mitte des 19. Jahrhunderts bis zum Ende des 20. Jahrhunderts zu schlagen; sie handelte seinerzeit von allen im Bundestag vertretenen Parteien, und das Thema war die Entbindung der politischen Repräsentanzen von den sie ursprünglich konstituierenden, dann lange tragenden sozialmoralischen Milieus. Dieser Vorgang sollte mit der Metapher der »Heimatlosigkeit« ausgedrückt werden (vgl. Walter/Dürr 2000).

Die historische Rekonstruktion und Analyse der politischen Heimaten oder Milieus hatte in der Göttinger Politikwissenschaft eine lange Tradition. Denn: Man stößt schnell an Grenzen, wenn man Parteien lediglich endogen aus programmatischen Manifesten oder statutarisch festgelegten Organisationsprinzipien erklären will. Man greift aber ebenfalls zu kurz, wenn man Parteien vorwiegend als Produkte sozioökonomischer Spannungslinien auffasst. Mit den Milieus dagegen lässt sich die Schnittstelle von Partei und Sozialstruktur erfassen, hier trifft man auf den Raum gesellschaftlicher Erfahrungen, Vermittlungen, Deutungen und Vergemeinschaftungsleistungen (vgl. Lepsius 1966, Pyta 1996). Die Milieus waren die Heimatwelten im Vor- und Umfeld der Parteien. In ihnen fand die kulturelle Verarbeitung ökonomischer, sozialer und politischer Konflikte statt. Hier entwickelten sich jene Alltagsrituale, Zeichen und Symbole, die den emotionalen Zusammenhalt aller Gruppenzugehörigen schaffen. Hier gründeten sich die Organisationen im weiten vorpolitischen Raum, die jenseits der politischen Eliten auch die Massen einer spezifischen Sozialkultur integrierten und längerfristig banden. Es waren erst diese

Alltagskulturen, die für die bemerkenswerte Stabilität und Konsistenz einiger Parteien in der modernen europäischen Geschichte gesorgt haben. Parteien ohne solche Milieus dagegen schmolzen dahin oder verschwanden, selbst wenn sie glänzende politische Führungen hatten und die ökonomischen Interessen herrschender Klassen prägnant vertraten. Parteien als bloße Interessenaggregate auch einflussreicher Sozialschichten reichten nicht, um gesellschaftliche Wandlungen und Krisen zu überstehen. Parteien in Lagern dagegen gelang es, selbst die gesellschaftlichen Voraussetzungen ihrer Entstehung zu überleben und widrigen Modernisierungsschüben zu trotzen. Milieus waren zählebige Phänomene mit einer ganz erstaunlichen Beharrungskraft. Das wirkte sich auf den Entwicklungsfortschritt oft belastend aus, war aber mindestens ebenso oft auch ein bedeutsamer Hemmfaktor gegen die Paranoia und Pathologien einer entgrenzten Moderne. Parteien – und auch ihr Zerfall – sind jedenfalls ohne intime Kenntnisse ihrer Heimatwelten nicht hinreichend zu deuten.

Die Erosion ist gerade in den letzten zehn Jahren weiter vorangeschritten. Und das gilt insbesondere für die beiden Volksparteien, die früher mit dem gewerkschaftlichen bzw. katholischen Milieu besonders kräftige lebensweltliche Wurzeln hatten. Die nun hier vorliegende Darstellung beschränkt sich daher auf die CDU und die SPD, baut dabei auf den historisch-politologischen Analysen des Verfassers zur »Heimatlosigkeit« auf, erweitert sie um neue Reflexionen, schreibt die Geschichte fort, setzt sie dabei stärker noch in den Kontext der allgemeinen Diskussion über die Kritik an dem Parteienstaat und zu den zivilgesellschaftlichen Alternativen.

***

Die Publikationsnachfrage ist groß geworden. Zu bewältigen vermag ich die Produktionspflichten nur durch die immense Hilfsbereitschaft und Empathie meiner Mitarbeiterinnen und Mitarbeiter. Stine Harm, Johanna Klatt, Teresa Nentwig, Bonnie Pülm, Katharina Rahlf, Klaudia Hanisz, Felix Butzlaff, Matthias Micus, Andreas Wagner, Oliver D'Antonio, Christian Woltering, Jonas Rugenstein, Sören Messinger und Sebastian Kohlmann waren bei diesem Projekt (wieder einmal) besonders hilfreich. Das gilt ebenso für Astrid Stroh, Peter Munkelt und Clemens Wirries, die mich mit einer Fülle von Material versorgt haben. Sie wissen, wie dankbar ich ihnen bin.

I. Krise des Parteiensystems?

In den Jahren von Helmut Kohl äußerten sich die Deutschen gern verdrossen über die Parteien. Spätestens seit dem Ende der Regierung Schröder/Fischer scheint ihnen indes gleichgültig geworden zu sein, was sich im Innenleben von Sozial- und Christdemokraten, von Linken und Liberalen, bei den Grünen ereignet. Unverständlich ist das nicht. Denn die Parteien erfüllen fraglos immer weniger die Funktion, für die man sie historisch gebraucht hatte. Denn eigentlich sollten Parteien zwischen Staat und Gesellschaft Vermittlerdienste leisten. Sie sollten in die Gesellschaft hineinhorchen, sollten Hoffnungen, Sorgen, Anliegen registrieren, filtern, zusammenbinden und sodann in die politisch-staatliche Sphäre transferieren. Parteien sollten mithin eine atmende Beziehung zwischen regierender Repräsentanz und regiertem Volk herstellen. Es gab im 20. Jahrhundert auch einige Jahrzehnte, da kamen die Parteien diesem Anspruch durchaus nahe. Sie konnten infolgedessen ihre Anhänger, wenn es darauf ankam, auf Zuruf mobilisieren, konnten sie gezielt in die Aktion entsenden. Sie durften sich in jener Zeit vielfältiger Bindungen auch bei unpopulären Entscheidungen auf die Disziplin wie Verlässlichkeit ihrer Basis*militants* verlassen.

Aber im Laufe der letzten zwei Jahrzehnte des 20. Jahrhunderts lockerte sich die Klammer zwischen den Parteien und ihren ursprünglichen Trägerschichten. Die Parteien entzogen sich der Gesellschaft mehr und mehr, glichen indessen zugleich ihren sozialen Präsenzverlust durch großzügige staatliche Alimentationen und kräftige Personalpatronage in den staatlichen und halbstaatlichen Einrichtungen aus, wodurch sich der Abstand zum Volk allerdings noch weiter vergrößerte (vgl. Decker 2005). Die Parteien hatten historisch als Honoratiorenzirkel angesehener Bürger begonnen, wurden dann mehr und mehr zu Integrations-, Mobilisierungs- und Erziehungsorganisationen von Massen – und entwickeln sich nun zu Kaderorganisationen, allerdings: ohne substanzielle Kader, ohne reputierliche Honoratioren und erst recht ohne die Einbindungs- und Sozialisationskraft von ehedem. Kurzum: Die modernen Parteien beschränken sich jetzt, nach dem Auslaufen ihrer gesellschaftlichen Vermittlungsrolle und ihres Zielfindungsanspruchs, auf Auswahl und Präsentation des politischen Personals für Parlamente und Regierungen. Doch die Elitenrekrutierung vergrößert den Abstand zur Gesellschaft erst recht (vgl. Kintz 2006). Akademiker überwiegen in den Mitgliedschaften deutscher Parteien – von FDP bis zur Linkspartei im Übrigen – bei Weitem; die unteren 35 Prozent der Gesellschaft tauchen in Parteien hingegen kaum noch auf (vgl. Biehl 2005). Der gesellschaftliche Konflikt und die soziale Polarisierung bilden sich in der realen Parteienstruktur der deutschen Republik nicht mehr ab. Und dass Parteien mittlerweile ganz der Ehrgeiz fehlt, die Trüffel der Zukunft vor allen anderen gesellschaftlichen Kräften zu finden, Wege und Ziele zu weisen, ist in unübersichtlichen Zeiten, da der Bedarf nach ordnenden Erklärungen und Ideen erheblich ist, gewiss ein weiteres Manko.

Nach der deutschen Vereinigung, zu Beginn der 1990er Jahre, mündete die Entfremdung von Parteien und Gesellschaft gar in ressentimentträchtige Distanz. Keine zweite öffentliche Einrichtung verlor in diesem Zeitraum so eklatant an Vertrauen wie eben die politischen Parteien und die Institutionen der Politik. Die Syndrome waren offensichtlich und sind häufig beschrieben worden: Der Anteil der Stammwähler schmolz zusammen; die Beteiligung an Wahlen ging zurück; die Zahl der Aktiven schrumpfte beträchtlich. Vor allem jüngere Menschen zog nichts mehr in die spannungslose Hinterzimmerkultur der Ortsvereine. Auffällig war zudem, dass sich sowohl die neuökonomischen Eliten als auch das ›neue Unten‹ aus Langzeitarbeitslosen und Sozialhilfeempfängern teils gleichgültig, teils auch aggressiv-verächtlich vom Betrieb der Parteien abwandten und sich jeder Teilhabe am Politischen rigide verweigerten. Und es korrelierte dabei spiralförmig:

> »Je gleichgültiger ›die Politiker‹ den Gesellschaftsmitgliedern sind, desto mehr müssen diese mit Politikern rechnen, denen das Schicksal der Gesellschaft relativ gleichgültig ist. Eine überwiegend negative Meinung über Politiker im gesellschaftlichen Bewusstsein, ob zu Recht oder zu Unrecht, bestärkt umso mehr Menschen darin, mit gutem gesellschaftlichen Gewissen der Politik fernzubleiben. Dies setzt den Teufelskreis einer immer fragwürdiger

werdenden Politikerauswahl in Gang, rekrutiert aus einer schwindenden Zahl von politisch Aktiven, mit zunehmend anderen als auf das Gemeinwohl bezogenen Wert- und Zielvorstellungen. In Krisenzeiten, also in Zeiten außergewöhnlicher Herausforderungen an die Politik, kann diese Entwicklung eine Gesellschaft substanziell gefährden. Es fehlt ihr dann das unverzichtbar breite Potenzial an Menschen, die sich mit gesellschaftlichem Engagement und Ausdauer politisch betätigen.« (Scheer 2003: 19)

Doch merkwürdig: Das alles hat die Parteien nie sonderlich erregt. Wie erklärt sich das? Es gibt in Deutschland, erstens, die tröstenden Folgen des Föderalismus. Man hat sich in den letzten Jahren häufig die Frage gestellt, wieso sich in Großbritannien die Großparteien in den 1980er und 1990er Jahren so tiefgreifend verändert haben, in Deutschland die Volksparteien aber währenddessen sehr viel weniger. So schwer allerdings fällt die Antwort nicht: Die Niederlagen etwa der Labour Party in England nach 1979 waren immer komplett, boten keinen Trost, eröffneten keine Zuversicht. Ihre Machtlosigkeit war vollständig. In Deutschland lagen und liegen die Dinge dagegen anders. Hier regierten die Sozialdemokraten auch nach dem Ende der sozialliberalen Koalition 1982 kommod mit – in den Bundesländern und dadurch auch über den Bundesrat. Die Sozialdemokraten hatten infolgedessen kaum das Gefühl, dass sie von den Wählern ins Aus geschickt wurden. Sie sahen sich in ihrer Politik vielmehr mindestens teilbestätigt. Insofern geht in Deutschland Erneuerung oder Reform nicht einmal von der bei den Bundestagswahlen geschlagenen Partei aus, wie man auch am Beispiel der CDU gut beobachten konnte, die im Grunde keine der Niederlagen bei den Bundestagswahlen 1998, 2002 und in einer gewissen Weise auch 2005 gründlich reflektiert hat – im Unterschied, auch hier, zu den britischen Konservativen des David Cameron.

Das ist, zweitens, das Grundgefühl der Parteien überhaupt geblieben, nachdem jeweils die ersten Schrecken über die zyklischen »Parteienverdrossenheits-Aufregungen« wieder abebbten. Die Parteimanager rieben sich dann gleichsam die Augen und stellten so überrascht wie zufrieden fest: Sie hatten an Zugriffsmöglichkeiten nichts verloren. Im Grunde kommt es nicht darauf an, ob die Parteien Mitglieder einbüßen, ob Wähler nicht zur Wahl gehen. Der Einfluss der Parteien bleibt stets gleich. Sie regieren; sie schicken ihre Leute weiter in Rundfunk- und Fernsehräte, in Sparkassenvorstände. Sie beeinflussen weiterhin die Personalauswahl vieler Energieversorgungsunternehmen, der Verkehrsbetriebe, der Schulen und Universitäten, der öffentlichen Institutionen insgesamt. Und die Fernsehkameras richten sich nach wie vor auf sie; seitdem die Politik in Berlin angesiedelt ist, mehr denn je. Es gibt nicht die Erfahrung des Bedeutungsverlustes. Warum also sollte man sich ändern?

Fragile, aber konstante Zuordnungen

Institutionen erneuern sich nur unter Existenzdruck. Aber den spüren sie nicht. Denn tatsächlich haben sich viele Strukturen zäh gehalten. Historisch geschulte Interpreten von Parteiensystemen und Wählerverhalten kennen die Faustregel, die schon in den 1920er Jahren galt: Die Hälfte der Wähler besitzt stabile, über Weltanschauungen und Einstellungen vermittelte parteipolitische Orientierungen; ein Viertel mäandert labil hin und her, ein weiteres Viertel interessiert sich so gut wie gar nicht für die Vorgänge im Politischen. Auch noch in den traditionsmächtigen 1950er Jahren gingen Wahlforscher von einer solchen Proportionalität an Loyalität, Illoyalität und Ignoranz aus. Seither sind, wie wir tagtäglich lesen können, die klassischen Großkollektive geschrumpft, die holistischen Ideologien aus dem Alltag der Bürger verschwunden, die sozialmoralischen Bindekräfte in der individualisierten Gesellschaft massiv zurückgegangen. Und doch ist es keineswegs so, dass nun die Wahlbürger in ihrer großen Mehrheit wild und voraussetzungslos zwischen den politischen Lagern hin- und herhüpfen, heute CSU und morgen Linke wählen, mal für die Grünen, dann wieder für die CDU votieren. Auch bei den Bundestagswahlen 2005 unterstützten gut 50 Prozent der gewerkschaftlich organisierten Arbeiter die SPD, knapp die Hälfte der Katholiken die CDU/CSU – was ziemlich exakt dem Wählerverhalten der deutschen Katholiken schon bei den Reichstagswahlen 1912 entsprach, welches damals allerdings noch der Zentrumspartei zugute kam. Mithin: An der Wählerformel aus dem frühen 20. Jahrhundert und der frühen Bundesrepublik ist im Grunde nach wie vor kaum etwas zu modifizieren (vgl. Eith 2005).

Angesichts eines wirklich weitreichenden und tiefgreifenden sozialen, ökonomischen und gesellschaftlichen Wandels in den letzen 75 Jahren ist es insofern erstaunlich, wie stabil die Parteienmuster geblieben sind, wie wenig krisenreich sich das Verhältnis zwischen Parteien und Bürgern *bislang* entwickelt hat. Auch der Repräsentationsmechanismus ist schließlich nicht gänzlich defekt. Katholiken haben ihre christliche Union; Konfessionslose tummeln sich zumindest im Osten in der Linkspartei, im Westen auch bei Grünen und der SPD; Protestanten mangelt es ebenfalls nicht an Ansprechpartnern im politischen Raum. Gewerbliche Unternehmer sind ganz zufrieden mit der

FDP. Landwirte halten überwiegend zur CDU/CSU. Hochverängstigte Arbeitnehmer und Arbeitslose haben nun die Lafontaine-Gysi-Partei, wenn ihnen die Sozialdemokraten als Schutzmacht nicht mehr reichen sollten. Beruflich privilegierte und ausgefüllte Postmaterialisten kommen nach wie vor mit den Grünen gut zurecht. Und auch für den Protest schlecht qualifizierter, ethnozentristisch fixierter und autoritär disponierter junger Männer stehen Parteien ganz rechts zur Verfügung, so dass sich dieser Extremismus nicht allein in terroristischer Militanz austoben muss.

Insofern könnten die Strategen der Parteien im Grunde unbesorgt sein. Sie haben eine Menge Parteienverdrossenheitsdebatten hinter sich. Schon 1926 schrieb Carl Schmitt in seiner höchst einflussreichen Studie »Die geistesgeschichtliche Lage des heutigen Parlamentarismus«, dass das Tun der aus Parteien hervorgegangenen Parlamentarier »zu dem ziemlich verachteten Geschäft einer ziemlich verachteten Klasse von Menschen geworden ist« (Schmitt 1926: 8). Indes, solcherlei Schelten kamen auf und verschwanden wieder. Am Ende aber hatten die Parteien nie an Einfluss verloren. Doch gerade die erfahrenen Parteimanager sind seit einiger Zeit etwas nervöser geworden. Sie wissen, dass ihre Parteien in den letzten Jahren kräftig an autonomem Selbstbewusstsein, an autarker Identität, mithin an krisenresistentem Eigensinn verloren haben. Eben deshalb reagieren die Parteien auf die grellen Niedergangsarien der Medien zuweilen kopflos. Die Parteien sind durch externe Attacken leichter zu erschüttern als in früheren Jahren. Sie sind sich ihrer selbst nicht mehr gewiss. Es mangelt ihnen nicht an Geld, nicht an Einfluss, nicht an Patronagemöglichkeiten, aber es fehlt ihnen an sicherem Selbstbewusstsein. Die Parteien sind im öffentlichen Leben omnipräsent, wirken dabei aber doch kraftlos. Das ist nicht ganz neu, aber es ist doch anders als in den ersten vier Jahrzehnten der Bundesrepublik. Da wussten die Parteiaktivisten noch, warum und wofür sie sich politisch ins Zeug legten. Darin sind sie sich im Jahr 2009 keineswegs mehr sicher. Allein der Begriff »Kampf«, den Parteien früher bevorzugt gebrauchten, wirkt mittlerweile fremd. Parteien kämpfen nicht mehr. Ihnen sind die Kriegsziele ausgegangen, die Fußtruppen und irgendwie auch die Feinde.

Das alles muss man natürlich keineswegs bedauern. Man kann mit guten Gründen den späten Abschied vom martialischen Vokabular und den Carl Schmitt'schen Denkfiguren – »die spezifische politische Unterscheidung, auf welche sich die politischen Handlungen und Motive zurückführen lassen, ist die Unterscheidung von Freund und Feind« (Schmitt 2002: 256) – als zivilisatorischen Fortschritt begrüßen. Und doch können auch moderne, gleichsam pazifizierte

Parteien einige ihrer klassischen Voraussetzungen schlecht entbehren (vgl. Mouffe 2007). Sie bräuchten eine Basis, die motiviert und aktionsfähig ist. Sie bräuchten ein paar politische Ziele, die einsichtig und erstrebenswert wirken. Sie bräuchten Elitennachwuchs, der durch Härte, Reife und Überblick das Zeug für die politische Führung einer großen Partei oder einer ganzen Republik hat. Fehlt da etwas, dann haben Parteien ein Problem oder werden es jedenfalls bekommen. Und es gibt gewichtige Indizien, dass da in der Tat einiges fehlt.

Doch wie ist es dazu gekommen? Was hat aus früheren Weltanschauungsgemeinschaften und streng separierten Eigenmilieus Volksparteien gemacht, sie zur Blüte gebracht – und nun verwelken lassen? Begeben wir uns also zur Klärung dieser Fragen auf eine historische Exkursion.

II. Die CDU. Von der ewigen Verdammnis ließ sich leben

Und beginnen wir mit der Christlichen Union. Die Christdemokraten hatten im Wettbewerb mit den Sozialdemokraten während der bundesdeutschen Jahre ganz überwiegend die Nase vorn. Die CDU stellte die Führung des politischen Konzerns, die Sozialdemokraten bildeten den Betriebsrat – an dieses Bild hatte man sich im Laufe der ersten bundesrepublikanischen Jahrzehnte gewöhnt. Ohne Zweifel: Die CDU ist ein ganz außergewöhnliches Erfolgsmodell unter den europäischen Parteien. In der deutschen Parlamentsgeschichte hat ihr keine andere Partei je das Wasser reichen können. In den ersten 50 Jahren der Bundesrepublik standen die Christdemokraten 36 Jahre an der Spitze der Bundesregierung, während der ewige sozialdemokratische Rivale im gesamten 20. Jahrhundert nur in 18 Jahren zum Zuge kam. So sozialdemokratisch also war das Jahrhundert nicht gewesen, welches vor gut acht Jahren zu Ende ging.

Eher im Gegenteil. Meist waren die Sozialdemokraten, wenn es darauf ankam, die großen Verlierer der historischen Auseinandersetzungen in Deutschland. Die Christdemokraten dagegen gehörten oft genug zu den Gewinnern. Sie waren bis zur Kanzlerschaft von Gerhard Schröder über weite Strecken eine Spur schneller, flexibler, machtpolitisch ausgekochter als die Sozialdemokraten.

Vormoderne Tradition für moderne Politik

Die Christdemokraten waren das vor allem deshalb, weil sie auf Traditionen gründeten, die dem aufgeklärt-liberalen Durchschnittsintellektuellen in Deutschland als vorgestrig, ja finster reaktionär gelten. Denn die CDU war in ihren Ursprüngen und blieb in ihren Kernen katholisch (Bösch 1999). Sie stützte sich also in der Tat stärker als jede andere Partei auf ausgesprochen vormoderne Mentalitäten, Institutionen, Hierarchien (vgl. Rohe 1992). Eben gerade darum war sie so erfolgreich. Eben deshalb überstanden die Parteien des politischen Katholizismus schon vor der CDU und besser als sämtliche übrigen Parteien die Modernisierungskrisen des späten 19. und frühen 20. Jahrhunderts. Eben deswegen waren sie zu eigenen und ganz ungewöhnlichen Modernisierungsleistungen fähig. Die vormodernen Vorräte des Katholizismus waren entscheidende Voraussetzungen für die politische Modernität der christlichen Demokratie. In der Erfolgsgeschichte des politischen Katholizismus reflektierte sich pointiert die Abhängigkeit gelungener Modernisierung im politischen Bereich von Traditionsbeständen konservativer, ja vormoderner Kulturmuster in gesellschaftlichen Teilmilieus (vgl. Altermatt 1995). Die Christdemokraten, kurzum, waren den durchaus milieuverankerten Sozialdemokraten deshalb voraus, weil ihre Traditionen noch weiter zurückreichten und daher noch tiefere Wurzeln geschlagen hatten.

So hatte der politische Katholizismus in Deutschland von Anfang an und in vielerlei Hinsicht einen deutlichen Vorsprung vor den Sozialdemokraten. Die Katholiken waren die ersten, die ein organisatorisch hoch verdichtetes Milieu schufen (vgl. Blaschke et al. 2006). Sie hatten gewissermaßen das Glück, dass Bismarck und die Liberalen sie noch vor den Sozialdemokraten ins Visier ihrer Verfolgungsstrategien nahmen und mit Ausnahmegesetzen traktierten. Das schweißte die Katholiken zusammen, das erst schuf die Geschlossenheit von katholischem Volk, deutschem Episkopat und römischer Kurie, das blieb als einheitsstiftende Erinnerung noch über viele Jahrzehnte haften und wirkte sich stets dann stabilisierend und integrierend aus, wenn die Katholiken unter Druck und in die Defensive gerieten (vgl. Hürten 1986, Hehl 1986). Ihr Milieu hatten sie schnell errichtet. Schließlich fingen die Katholiken – und eben das hatten sie den Sozialdemokraten voraus – nicht bei Null an, als sie sich ihr eigenkulturelles System am Rande der protestantischen Mehrheitsgesellschaft zurechtzimmerten. Ihnen stand die ganze Tradition einer fast 2000 Jahre alten Kirche zur Verfügung; sie konnten sich der vielen sinnvermittelnden und gruppenbildenden Rituale bedienen, welche die katholische Theater- und

Bilderreligion im Unterschied zum weitaus spröderen Protestantismus in großer Fülle hervorgebracht hatte, vom Marienkult über Wallfahrten, Prozessionen und Kirchweihfesten bis hin zur individuellen Ohrenbeichte.

Von Anfang an aber verband das katholische Milieu die vorbürgerlichen Traditionsbestände mit dem modernen Rechtsinstitut der Organisationsfreiheit (vgl. Altermatt 1995, Walter 1999). Die Katholiken gründeten Ende des 19. Jahrhunderts früher und stärker als alle anderen gesellschaftlichen Gruppen Vereine und Verbände (Nipperdey 1988). Mit dieser Mischung aus vormodernem Kult und modernen Organisationsleistungen erhielt sich das katholische Milieu die jahrhundertelang angesammelten Traditionsvorräte; und es war doch zugleich anpassungsfähig genug, um in neue Lebensrealitäten vorzudringen und sie durch die sich immer weiter ausfächernden Vereinsstrukturen einzufangen. Das war das Erfolgsrezept für viele Jahrzehnte, galt lange auch noch und gerade in ihren besten Jahren für die CDU.

Nun holten die Sozialdemokraten den Organisationsstand des katholischen Milieus nach der Jahrhundertwende durchaus ein. Auch sie hatten sich mit ihren Maifeiern, den roten Fahnen und dem Kult um Lassalle, Marx und Bebel ein zweifellos wirkungsvolles gemeinschaftskonstituierendes Ritualsystem zusammenkomponiert. Doch in ihrem weltanschaulichen Anspruch konnten die Sozialdemokraten mit dem Katholizismus niemals mithalten. Das katholische Heilsversprechen reichte tiefer und band stärker als die irdische Gerechtigkeitsvision der Sozialisten. Im Katholizismus war alles auf die Ewigkeit ausgelegt. Die katholische Religion versprach den Gehorsamen das ewige Leben, drohte aber den Ungehorsamen mit der ewigen Verdammnis (vgl. Altermatt 1993). Allein die enormen Heilsängste, die der Katholizismus so produzierte, hielten die Gläubigen davon ab, Kirche, Milieu und Partei zu verlassen. Solange sich die Katholiken vor der Hölle fürchteten und um die Erlösung im Himmel zitterten, solange waren dem katholischen Milieu und seiner Partei die Anhänger und Wähler sicher. Dergleichen hatten die Sozialdemokraten nicht anzubieten. Vor allem war deren Heilsutopie ganz im Diesseits gelagert, konnte sich also im Unterschied zur Jenseitsreligion bereits in der Gegenwärtigkeit der gesellschaftlichen Realität blamieren und diskreditieren. Eben das geschah nach 1918, als der parlamentarische »Volksstaat« nicht das brachte, was die sozialistischen Propheten vor 1914 verkündet hatten (vgl. Walter 2002). Den Sozialdemokraten liefen massenhaft die früheren Jünger davon. Das konnte der katholischen Zentrumspartei und lange auch der CDU so nicht passieren, da deren

Wähler in der säkularen Welt nicht erfuhren, was sie im Reich Gottes im Einzelnen erwartete.

Auch war die Religion der Katholiken, anders als die Weltanschauung der Sozialisten, nicht an ein Klassensubjekt gebunden, weder an Proletariat noch Bourgeoisie, nicht an Adel oder Bauernschaft. Das machte die katholische Zentrumspartei zur ersten Volkspartei in der deutschen Gesellschaft. Schon Jahrzehnte vor den Sozialdemokraten übten sie sich im Management der Heterogenitäten, in der Moderation widersprüchlicher sozialer Interessen (vgl. Becker 1986). Was die Sozialdemokraten in den 1970er und 80er Jahren des 20. Jahrhunderts erst mühselig lernen mussten, hatte die katholische Partei längst seit dem Ausgang des 19. Jahrhunderts verinnerlicht. Sie hatte Kompromisstechniken entwickelt und Proporzstrukturen gefunden, um rheinische Bergarbeiter und schlesische Barone, um westfälische Landwirte und badische Krämer unter einen Hut (vgl. Liedhegener 1993), unter das Dach der Zentrumspartei zu bekommen und festzuhalten.

So wurden die Politiker des vormodernen Katholizismus in Deutschland zu den ersten Protagonisten eines modernen Parlamentarismus. Denn katholische Politiker konnten sich angesichts der sozialen Breite der Zentrumsanhängerschaft keine ideologischen Engstirnigkeiten leisten. Katholische Politiker mussten pragmatisch, wendig, jederzeit flexibel und anpassungsfähig agieren, geschmeidig und offen für Allianzen nach mehreren Seiten sein. Sie hatten all die weit auseinanderlaufenden sozialen Fäden in ihrer Wählerschaft politisch immer wieder in der Mitte zu bündeln. Katholische Politiker lernten also früh – früher eben auch als die Sozialdemokraten –, worauf es in modernen parlamentarischen Systemen mit fragmentierten Entscheidungs- und Sozialstrukturen ankam: auf undoktrinäre Beweglichkeit, auf die Balance der Interessen, auf Kompromiss- und Bündnisfähigkeit, zusammen und vor allem: auf den Ort der Mitte im Parteien- und Parlamentsspektrum (vgl. Walter 1999, Ruppert 1992). Denn durch diese Position im Zentrum des politischen Systems wurden die katholischen Parteien – übrigens fast überall in Europa – zu den Scharnieren der Kabinettsbildung, zu gleichsam geborenen und natürlichen Regierungsparteien. Auch dieses kulturelle und politische Erfahrungskapital des Katholizismus floss nach 1945 voll in den Parteienhaushalt der CDU ein.

Nimmt man schließlich noch die Modernitätskriterien heutiger Parteimanager und auch der meisten Parteienforscher zum Maßstab, dann waren die katholischen Parteien auch in ihrer Organisationsstruktur den Sozialdemokraten um einige Fortschrittslängen voraus. Denn die katholischen Parteien hatten nicht viel Organisation. Sie hatten nicht viel Apparat, nicht viel hauptamtliches Personal, keine erheblichen Mitgliederzahlen, erst recht kein stringentes Programm (vgl. Ruppert 1992). Eine starre Organisation und eine klar fixierte politische Ideologie hätte dem politischen Katholizismus auch nur den Raum verengt und die taktische Flexibilität genommen, die er brauchte, um seine weitläufig auseinanderstrebenden Sozialschichten zusammenzubinden. Die katholischen Parteien waren – das hatten sie mit den Liberalen gemeinsam – Honoratiorenparteien, die ihre Einzelteile nur locker föderiert und verknüpft hatten, eben deshalb elastischer als die schwerfälligen sozialdemokratischen Apparatparteien manövrieren konnten.

Doch als rein säkularisiertes Politikunternehmen wäre die Zentrumspartei trotz oder vielmehr wegen ihrer Elastizität und Beweglichkeit in den Jahren der Weimarer Republik wohl ebenso desaströs dezimiert worden wie die Parteien des Liberalismus (vgl. Langewiesche 1988). Die Zentrumspartei konnte sich ihre politische Modernität nur dadurch leisten, dass ihr die Legitimitätsreserve der Kirche und die Ersatzstrukturen des katholischen Vereinsmilieus zur Verfügung standen. Das war der entscheidende Unterschied zu den Liberalen, welche die pure Modernität verkörperten und infolgedessen scheiterten, während die Zentrumspartei ihre Modernität auf vormodernen Plateaus und traditionsgestützten Vergemeinschaftungen gegründet hatte. Klerus und Milieu sorgten für die Integration und Stabilität des politischen Katholizismus, die einen gewissermaßen von oben, die anderen von unten (vgl. Walter 1999, Hehl 1986: 112). Ohne die höchste Autorität der Kirche jedenfalls hätten auch alle programmatischen Künste der Zentrumspolitiker nicht ausgereicht, Linke und Rechte, Monarchisten und Republikaner, Kapitalisten und Arbeiter in ein und demselben politischen Laden zusammenzuhalten. Wenn es brenzlig wurde, war allein der Klerus in der Lage, die weltlichen Konflikte im politischen Katholizismus zu überwölben und zu entschärfen.

Das katholische Vereinsmilieu wiederum fundamentierte das fragile Interessenkartell der Zentrumspartei von unten. Die Vereine ersetzten die Parteistruktur, die der politische Katholizismus nicht besaß. Aus den Vereinen holte sich die Zentrumspartei ihren Nachwuchs, die wenigen Funktionäre, ihre parlamentarischen Eliten. Und in Wahlkampfzeiten mobilisierten die Vereine ihre Truppen, die das katholische Volk zu den Urnen trommelten. Doch dann, sobald der Wahlkampfzirkus vorbei war, zog sich das katholische Milieu aus der politischen Arena zurück und überließ den Parteieliten frei das Feld (vgl. Rauh-Kühne 1991). Auch das verschaffte den katholischen Parteien einen erheblichen Vorteil gegenüber den Sozialdemokraten. Denn das sozialistische Milieu war noch zwischen den Wahlen dauerhaft in Bewegung, intervenierte durchweg munter in allen Fragen des politischen Alltags und reduzierte dadurch den Aktionsradius der sozialdemokratischen Führung beträchtlich. Die katholischen Parteiführer dagegen hatten durch die politische Indifferenz ihres Milieus einen außerordentlich großen Handlungsspielraum, den sie schließlich wegen ihrer komplexen Integrationsaufgaben und der beweglichen Koalitionspolitik nach links und rechts auch bitter benötigten (vgl. Hehl 1986: 98). Kirche und Milieu, kurzum, sicherten die Loyalität der Gläubigen gegenüber der Zentrumspartei auch in Zeiten höchst unpopulärer Entscheidungen. Das stabilisierte den politischen Katholizismus, bot ihm einzigartige Freiräume und Handlungsoptionen, ermöglichte ihm moderne parlamentarische Politik.

Doch möglich war der moderne Parlamentarismus der Zentrumspartei nur durch die Existenz der vormodernen ausgeprägten Loyalitäten in der katholischen Kirche und im katholischen Milieu. Die Zentrumspartei konnte sich wechselnde Koalitionsallianzen und schwierige politische Entscheidungen nur deshalb zumuten, weil ihre Anhänger an die Partei über den Glauben, die Religion, den Gehorsamsanspruch der kirchlichen Hierarchie, die Macht einer jahrhundertealten Tradition fest gebunden waren (vgl. Altermatt 1995). Es war das ganze, von den protestantischen Bildungsbürgern in Europa als Aberglaube und Mummenschanz zutiefst verachtete und unbegriffene katholische Ritualsystem, das die Kohäsion des Milieus als Fundament der katholischen Volkspartei herstellte: Die Kirchengebote, die Feiertagspflichten, die Fasttage, die Jahresbeichte, die »Mutter Gottes«-Verehrung, die Heiligenbilder, die Kruzifixe, die Kirchweihfeste, aber auch die allgegenwärtige Furcht vor dem Fegefeuer, der Hölle, der ewigen Verdammnis. Um es zu bekräftigen: Wer sich in der katholischen Provinz vor der ewigen Verdammnis fürchtete, verabschiedete sich auch während der schlimmsten sozialen Krisen der Zwischenkriegszeit nicht von der katholischen Volkspartei. Das sicherte den katholischen Parteien den parlamentarischen Aktionsradius, über den in den 1920er und 30er Jahren sonst kaum noch eine andere Partei in Europa verfügte. Parteien, die ganz modern jenseits von Milieu und Religion allein über Interessen mit ihren Anhängerschaften verknüpft waren, brachen in der europäischen Zwischenkriegszeit auseinander und häufig genug zusammen. Katholische Parteien hier und liberale Parteien dort – beide waren in mehreren mitteleuropäischen Ländern Mitte- und Scharnierparteien der politischen Systeme. Der moderne Liberalismus ohne Milieu ging in den Krisenjahren der Demokratie an dieser Aufgabe nahezu zu Grunde;

die katholischen Volksparteien mit ihren traditionellen Milieus blieben intakt.

Das sollte die viel geschmähten Milieus eigentlich ein wenig rehabilitieren. Sie erleichterten traditional geprägten Bevölkerungsgruppen den Übergang in die moderne, komplexe, säkularisierte Gesellschaft (vgl. Kaufmann 1995). Ohne die Schutzfunktion des Milieus in diesem Übergang hätte sich während der Krisenphase der Moderne noch mehr Explosivstoff angesammelt. Es ist kaum auszudenken, was gefehlt hätte, wenn dies alles zerrissen und zerstört worden wäre, was so nach 1945 als organisatorisches und ideelles Fundament für den Wiederaufbau Europas immerhin noch vorhanden war. Gewiss, die Interpretation ist nicht falsch, dass die Milieukulturen zur Fragmentierung und zur Spaltung der Gesellschaft beigetragen haben. Dennoch: Das Milieu des mitteleuropäischen Minderheitenkatholizismus förderte die Parlamentarisierung und Republikanisierung des politischen Katholizismus. Dadurch versöhnten und verschmolzen sich die Katholiken mehr und mehr mit der zur Mitte des 19. Jahrhunderts noch strikt angefeindeten bürgerlichen Gesellschaft. Ebenso förderten die Eigenorganisationen des katholischen Milieus über Bildungsprozesse die Emanzipation und den Abbau der Inferiorität der Katholiken (vgl. Altermatt 1995). So wurden aus den subkulturellen Defensivinstitutionen des Katholizismus Integrationsvehikel in der bürgerlichen Gesellschaft. So pazifizierten sie den sozialen Konflikt, indem sie Unterprivilegierung, Randständigkeit und Benachteiligung durch eigene Anstrengungen aufhoben. Milieus waren nicht-etatistische Vergemeinschaftungen und Kooperationsformen, die eine Menge karitativer, sozialer und kultureller Aufgaben erledigten, die sonst der Staat hätte übernehmen müssen. Im Übrigen versorgten Milieus ihre Gesellschaften mit Personal und Eliten für die öffentlich-politischen Angelegenheiten.

Gründungspartei der Bonner Republik

Auch die neue CDU nährte sich erfolgreich aus dieser Tradition (vgl. Walter 1998). Konstitutiv für ihre lang und zäh verteidigte politische Führungsrolle im Nachkriegsdeutschland war ohne Zweifel ihr Nimbus, Gründerin einer Erfolgsrepublik gewesen zu sein. So jedenfalls baute sie sich auf. Und aus diesem historischen Guthaben haben die Christdemokraten im Wettbewerb um die Regierungsmacht am längsten gezehrt. Über Jahrzehnte war die CDU für die Mehrheit der Deutschen die Konstituierungspartei der Bundesrepublik Deutschland schlechthin. In der transgenerationell weitervermittelten Wahrnehmung hat die Union in jenen späten 1940er und frühen 1950er Jahren den marktwirtschaftlichen Grundstein für ein beispielloses ökonomisches Wachstum, für eine einzigartige Wohlstandsmehrung gelegt; dazu hat sie die außenpolitisch isolierte Bundesrepublik in das westliche Sicherheitsbündnis gegen den östlichen Kommunismus geführt. Und diese zweifellos glücklichen Jahre erleben die Westdeutschen nach Jahrzehnten verheerender Krisen und zermürbender gesellschaftlicher Erschütterungen, nach Revolution, Inflation, Weltwirtschaftskrise, gewalttätigem Extremismus, Diktatur, Krieg, Flucht und Vertreibung. Die Deutschen waren nach 1945 erschöpft, politisch desorientiert, hatten die Nase voll von aufpeitschender Rhetorik, Mobilisierungsappellen, utopischen Heilsversprechen. Sie wollten Ruhe, Sicherheit, ein erträgliches Auskommen, wollten politisch entpflichtet, entlastet werden. Die CDU unter ihrem Patriarchen Adenauer traf damals exakt den Ton der Zeit (Bösch 2002c), während ihn die Sozialdemokraten unter dem apodiktischen Agitatoren Schumacher ebenso gründlich – und wie so häufig in ihrer Geschichte – verfehlten.

Danach jedenfalls hatte sich die Gleichsetzung von Sicherheit und Wohlstand mit christdemokratischer Regierungsführung für einige Dekaden tief in die Volksseele der Deutschen eingebrannt. Es gibt in modernen Gesellschaften wahrscheinlich nur wenig kollektive, generationenumspannende Erinnerungen und Grundeinstellungen. Die Angst vor Inflation ist so eine und das nachgerade unerschütterliche Vertrauen in die wirtschaftspolitische Kompetenz der Union war lange eine andere. Schließlich lassen sich geschichtsträchtige Legenden nur schwer erschüttern, zumal die Union die Erinnerungen an die christdemokratische Heldenzeit überaus sorgsam wach hielt und insbesondere in Wahlkampfzeiten regelmäßig und bis 1994 höchst erfolgreich reaktivierte. Vergleichbares ist eigentlich nur den schwedischen Sozialdemokraten gelungen, die mit ihrem Eintritt in die Regierung 1932 bezeichnenderweise ebenfalls eine Periode schmerzhafter politischer Instabilität und ökonomisch-sozialer Verwerfungen beendeten und eine lange Phase politisch-wirtschaftlicher Konsolidierung und außergewöhnlicher Wohlfahrtsstaatlichkeit einleiten konnten. Dadurch wurde die Sozialdemokratie in Schweden für Jahrzehnte das, was für die Bundesdeutschen bis vor kurzem die CDU war: gleichsam natürliche Regierungspartei, auf die sich die Nation vor allem dann besinnt, wenn Krisen drohen.

Parteibildend und identitätsstiftend war überdies der christliche Bezug. Aus dieser Quelle schöpften die Christdemokraten gleich mehrere strukturelle Vorzüge im Parteienwettbewerb des parlamentarischen Systems der Bundesrepublik. Die christlich-katholische Tradition taugte keineswegs nur für salbungsvolle Feiertagsreden und erhabenes abendländisches Programmpathos; aus dieser Tradition wuchs auch – und das wird von den meisten professionellen Interpreten politischer Prozesse übersehen – die illusionslose, pragmatische und flexible Politik der Union, die ihr lange einen chronischen Vorteil gegenüber den Sozialdemokraten verschaffte (vgl. Zolleis 2008, Haungs 1983).

Zunächst einmal gelang es der Union mit der Einigung auf das konfessionsübergreifende »C«, die für die deutschen Tragödien in der ersten Hälfte des 20. Jahrhunderts mitverantwortliche Spaltung des bürgerlich-agrarischen Lagers zu überwinden. Ein geschickter politischer Schachzug war das »hohe C« in jedem Fall. Denn mit dem Kriterium Kirchenzugehörigkeit umschloss die Union damit die denkbar größte Menge aller Staatsbürger. Der große Vorteil des »C« lag zudem darin, dass es sich um einen flexiblen und überzeitlich verankerten Wertekatalog handelte, der seinen Ursprung nicht im konfliktbeladenen Raum von Politik und Wirtschaft besaß (vgl. Bösch 2002c: 15). Es entzog sich damit der rationalen Kritik und sprach die emotionalen Schichten der Wähler an. Symbole, Rituale und Sprachformeln unterstützten den metaphysischen Akzent. Die CDU baute sich so zum Garanten all der Werte auf, die im ersten Vierteljahrhundert der Bundesrepublik allgemein als erstrebenswert galten, stets aber als bedroht angesehen wurden. Ehe, Familie, Moral waren nur einige der kollektiven Assoziationen, die über das »C« vermittelt wurden. Hoffnungen und Ängste der Alltagswelt band die CDU so auf gleichsam unpolitische Weise in den politischen Raum.

Der strukturelle Vorteil des »C« lag darin, dass ihm zugleich eine abgrenzende, entlastende und integrierende Funktion innewohnte. Das »C« wurde als Gegenpol zum Nationalsozialismus, Materialismus und Sozialismus herausgestellt. Mit Anspielung auf den real existierenden Sozialismus und das »Dritte Reich« richtete sich das Gegensatzpaar »Christ oder Antichrist« vor allem gegen die SPD, die als Partei der Gottlosen moralisch abgewertet werden konnte (vgl. Bösch 2002c). Das »C« bildete eine gemeinsame positive Klammer für das katholische Milieu und das protestantisch-bürgerliche Lager, die in der Wirtschafts-, Sozial- und Außenpolitik nicht hätte gefunden werden können.

Patriarchalismus und Sammlung

Die frühe CDU nach 1945 knüpfte dazu anfangs am Modell der katholischen Volkspartei vor 1933 an. Auch sie war Honoratioren- und Milieupartei zugleich, kombinierte also erneut den Vorzug politischer Beweglichkeit mit der Sicherheit gesellschaftlich fester Verankerung (vgl. Quink 1987). Für einen starken politischen Anführer wie Konrad Adenauer bot das nachgerade ideale Möglichkeiten. In seinen Wahlkämpfen während der 1950er Jahre konnte Adenauer das katholische Milieu mühelos und aus dem Stand mobilisieren. Die CDU hinkte den Sozialdemokraten parteiorganisatorisch zwar meilenweit hinterher, aber in Wahlkampfzeiten spielte das keine Rolle. Binnen weniger Tage spannten die christlich-bürgerlichen Milieus ihre Kommunikations- und Organisationsnetze aus und warfen sie weit über das westdeutsche Land. Der Wucht und Schlagkraft christdemokratischer Wahlkämpfe vermochten die Sozialdemokraten lange nichts entgegenzusetzen. Nach Schließung der Wahllokale aber kehrte das aktivierte Fußvolk des Milieus der Politik wieder den Rücken. Auch daran hatte sich seit den Zeiten des Zentrums nichts geändert. Da in der CDU zunächst keine ausdifferenzierten Parteistrukturen und Kontrollmechanismen existierten, konnte der Kanzler Adenauer also souverän regieren, ohne dass ihm Aktivisten oder Funktionäre in die Quere kamen (vgl. Quink 1987). Im Wahlkampf half ihm die pralle Kraft des Milieus, beim Regieren nutzte ihm die personal- und programmschwache Unterorganisiertheit der Honoratiorenpartei. Denn den Kanzler engten keine Programmkommissionen ein, die auf eherne Grundsätze pochten. Er brauchte sich nicht mit Delegierten herumzuschlagen, die der Regierung Parteiaufträge erteilen wollten. Ihn nervten keine Parteisekretäre, die das Ethos der Partei über den Erfolg der Regierung stellten. Und dennoch trug das Milieu alles mit, was der Kanzler politisch in die Wege leitete. Es war also ganz anders als bei den Sozialdemokraten. Es war unter basis- oder partizipationsdemokratischen Gesichtspunkten keine ganz schöne Sache. Aber es war eine hocheffiziente Struktur: Sie erlaubte starke politische Führung, gab Raum für taktische Flexibilität, gestattete zuweilen selbst unpopuläre, aber notwendige Regierungsaktionen. Das war die wahrscheinlich beste Zeit für *governance* in Deutschland im 20. Jahrhundert.

Nun war die CDU natürlich nicht einfach die Verlängerung der alten katholischen Zentrumspartei (vgl. Schmidt 1987). Wäre die CDU lediglich die überkommene katholische Milieupartei unter neuen Verfassungsbedingungen geblieben, dann hätte sie nicht zwischen 1953 und 1994 durchweg über 40 Prozent der Stimmen erzielen und ganz überwiegend zur unangefochtenen Mehrheitspartei der Republik werden können. Dann wäre sie wahrscheinlich im Zuge der Erosion des katholischen Milieus auch genauso in den Strudel gravierender Wählerverluste schon in den 1970er Jahren geraten wie ihre in erster Linie eben weiterhin katholisch dominierten christdemokratischen Schwesterparteien in Belgien, Italien, Luxemburg, der Schweiz und den Niederlanden. Aber die CDU wurde zur wirklichen konfessionsübergreifenden Volkspartei, zur Sammelpartei der christlichen, konservativen und bürgerlichen Milieus in Deutschland. Das war anfangs keineswegs selbstverständlich. Es blieb auch ein nationaler Sonderweg. Und es dauerte einige Jahre, bis das Ziel erreicht war. In ihren ersten zehn Jahren jedenfalls speiste sich auch die neue CDU hauptsächlich aus dem Organisationsbestand, der Personalreserve, aus der Wählerschaft und der Anthropologie des vergangenen politischen Katholizismus. Dagegen bekam sie in den protestantischen Regionen nur wenig Fuß auf den Boden, erreichte dort bei Wahlen in den frühen 1950er Jahren oft nicht einmal 10 Prozent der Stimmen oder Mandate. Zur großen interkonfessionellen Partei auch des protestantischen Bürgertums wurde die CDU erst in der zweiten Hälfte der 1950er Jahre. Ganz abgeschlossen war dieser Prozess der interkonfessionellen Verbürgerlichung der auf der Grundlage des Milieukatholizismus entstandenen CDU dann aber erst in den frühen 1970er Jahren (vgl. Greschat 2000).

Doch immerhin: Nirgendwo sonst in Mitteleuropa hatte sich der alte Milieukatholizismus in den 1950er und 60er Jahren so weit und erfolgreich mit dem protestantischen Bürgertum verflochten wie in der Bundesrepublik. Die CDU wurde ein hoch komplexes und außerordentlich fragiles Konglomerat verschiedenartiger Gruppen, Strömungen, Ideen. Sie vereinte nach 1945 eine Reihe von Konfliktgegnern aus der Zeit vor 1933: Süddeutsche und Norddeutsche, Bürger und Arbeiter, Katholiken und Protestanten, Deutschnationale und auch Liberale. Eine sichere Identität hatte die Partei infolgedessen nicht. Daher konnte die CDU auch nur Union sein und durfte lange nicht Partei werden. Sie musste die heterogenen bürgerlichen und konfessionellen Milieus gewissermaßen friedlich und autonom nebeneinander existieren lassen, durfte sie nicht in eine offene Diskussionsschlacht über Programme und Richtungen schicken. Eine freie und lebendige Diskussionskultur, eine moderne, partizipatorische Parteistruktur hätte die CDU zerstört, hätte die neuerliche parteipolitische Zersplitterung der bürgerlichen und kirchlichen Lebenswelten ziemlich gewiss zur Folge gehabt.

Aber nach Partizipation und Politisierung stand den erschöpften und ausgelaugten Deutschen damals nach einem Vierteljahrhundert dauerhafter Mobilisierung sowieso nicht der Sinn. Insofern entsprach der Patriarchalismus Konrad Adenauers der Struktur der Union und dem kulturellen Klima der Zeit (vgl. Lappenkühler 2001). Der Adenauer'sche Patriarchalismus wölbte sich integrierend über die fragmentierte Parteikultur der CDU, er bot den Deutschen durch Repräsentation die politische Entlastung, die sie in jenen Jahren suchten. Und über den autoritären Patriarchalismus des ersten Bundeskanzlers und CDU-Vorsitzenden fand auch das konservativ-protestantische Bürgertum einen Zugang zur parlamentarischen Demokratie, die in diesen Kreisen noch während der Weimarer Republik als schwatzhafte und kraftlose Veranstaltung verachtet und bekämpft wurde.

Man findet bei Konrad Adenauer überhaupt Führungstechniken, die wir heutzutage in feierlichen Akademieansprachen über die politische Kultur in der Zivilgesellschaft eher nicht lobend hervorheben würden (vgl. Bösch 2002c). Und doch haben gerade diese zur Erfolgsstory der CDU beigetragen. Der stärkste Leim für die bunte Sammlung, die als CDU firmierte, war zweifellos der Antisozialismus. Ohne die Furcht vor dem Sozialismus hätten sich die verschiedenen protestantischen Teilmilieus politisch wohl nicht zusammengerauft, jedenfalls nicht mit den in den 1950er Jahren von ihnen noch zutiefst beargwöhnten Katholiken parteipolitisch verbunden. So aber kamen die über Jahrhunderte verfeindeten Protestanten und Katholiken unter dem »hohen C« der Adenauer'schen Christdemokratie doch noch zusammen. Der gemeinsame christliche Anspruch wurde zum Integrationsbogen, der die neue Partei umspannte, aber zu ihrem eigentlichen Klebstoff, zum Bindemittel der protestantisch-katholischen Kooperation wurde der Antisozialismus (vgl. Kleßmann 1993). Allein im Antisozialismus fanden die verschiedenen, traditionell fragmentierten protestantischen Teilmilieus ihre bürgerliche Gesamtidentität; allein der Antisozialismus trieb das protestantische Bürgertum in die politischen Arme der im Grunde immer noch zumindest milde verachteten und beargwöhnten Katholiken.

Adenauer wusste das und er hatte es mit brutaler Härte genutzt, indem er auch die doch eigentlich ganz kleinbürgerlich-moderaten westdeutschen Sozialdemokraten dem östlichen Hauptgegner zuschlug. Adenauer hatte so den Klebstoff, der das schwierige bürgerliche Sammelbündnis zusammenhielt. Für die alten Parteiführer war das eine elementare Erfahrung: Nichts integrierte politische Gemeinschaften so stark wie der harte Konflikt, nichts festigte Parteien so sehr wie die scharfe Polarisierung und die schroffe Abgrenzung vom Gegner. Fast ein halbes Jahrhundert spielte die CDU erfolgreich auf dieser Klaviatur. Seit ihrer Gründung vermittelte die CDU den Wählern, dass die politische Landschaft in zwei scharf getrennte Lager aufgeteilt sei, zwischen denen sie sich zu entscheiden haben: auf der einen Seite das freiheitlich-antisozialistische, das für Sicherheit und Fortschritt stehe, auf der anderen Seite das linke Spektrum, das mit Untergangsvisionen konnotiert wurde. »Marxist oder Antimarxist« (1949; vgl. Falter 1981), »Freiheit oder Sozialismus« (1976; vgl. Bethschneider 1987), »Aufstieg oder Abstieg« (1994) hießen die Slogans, die der SPD die Regierungsfähigkeit absprachen. Jede Wahl wurde auf diese Weise zur Schicksalswahl.

Der Antisozialismus hatte eine lange und feste Tradition im deutschen Bürgertum, schon seit dem Kaiserreich. Doch ohne die antibürgerlichen Exzesse in der SBZ und späteren DDR hätte die CDU den Antisozialismus nicht so erfolgreich wahlstrategisch nutzen können. Etwas zynisch formuliert: Die SBZ/DDR war Geburtshelfer und Garant der bürgerlichen Einheitspartei in Westdeutschland. Im Übrigen erleichterten auch die bundesdeutschen Sozialdemokraten der CDU das Spiel, indem sie bis in die späten 1950er Jahre trotz anhaltender Resonanzlosigkeit an den alten klassenkämpferischen Symbolen und Sozialisierungsparolen festhielten. Erst das bot den antisozialistischen Attacken die Zielscheibe, welche die Christdemokraten innenpolitisch brauchten.

Doch Adenauer war ein denkbar misstrauischer Mann. Er war viel zu vorsichtig, um sich allein auf katholische Loyalitäten und antisozialistische Furchtsamkeiten deutscher Bürger zu verlassen. Adenauer traute seinen Mitmenschen nicht über den Weg, gab nichts auf deren Rationalität und gutdemokratische Berechenbarkeit. Man musste das Volk ruhig stellen, es ordentlich saturieren, seinen materiellen Bedürfnissen großzügig willfahren, dann konnte man Wahlen gewinnen und ungestört vernünftige Politik – vor allem Außenpolitik – betreiben; so in etwa lautete Adenauers Anthropologie. Ein Musterdemokrat war Adenauer gewiss nicht. Um seine Partei gefügig zu machen, griff er oft zum Mittel der Dramatisierung phantasievoll ausgedachter Gefahren. Er log die Parteigremien kalt an, wenn es ihm opportun erschien – und das war keineswegs selten der Fall. Gefährliche Gegenspieler servierte er mit mitleidloser Härte ab (vgl. Köhler 1994, Bösch 2002c). Er benutzte Informationen aus klandestinen Dossiers und Geld aus verdeckten Kassen. Die Partei führte er autoritär. Doch anders als später Kohl beherrschte Adenauer die Union, indem er sie nicht Partei werden ließ. Unter Adenauer blieb die CDU eine konföderierte Sammlung disparater regionaler und weltanschaulicher Milieus, ohne großen Apparat, ohne viele Funktionäre, ohne wirksame Kontrollmöglichkeiten über die Politik der Führung. Deshalb hatte Adenauer keine parteidurchdringenden

Seilschaften nötig. Adenauer kannte nicht seine Kreisvorsitzenden, erst recht nicht seine – damals noch wenigen – Kreisgeschäftsführer; er wusste kaum die Namen der Bundesvorsitzenden der Fachvereinigungen seiner Partei. Die Führungskraft Adenauer beruhte nicht auf Kumpanei, nicht auf trinkfesten, schwitzigen Männerfreundschaften. Insofern war Adenauer doch noch ein Repräsentant des alten Bürgertums, da er auf Distanz und Distinktion achtete.

Für die erfolgreiche Interkonfessionalität und Verbürgerlichung der deutschen Christdemokratie war wahrscheinlich die von den Alliierten hinausgezögerte Neustaatsbildung in Deutschland grundlegend entscheidend (vgl. Bösch 2001). Denn so konnte sich das Übergewicht des linken Sozialkatholizismus, das für den gesamten mitteleuropäischen Katholizismus zwischen 1945 und 1947 kennzeichnend war, in Deutschland nicht in Regierungspolitik umsetzen und dadurch die Partei in eine eher antibürgerliche Richtung steuern. In den meisten anderen Ländern führte die antikapitalistische Rhetorik und Strategie der sozialkatholischen Repräsentanten die christdemokratischen Parteien in die damals sogenannten römisch-roten Koalitionen mit den Sozialdemokraten. Als in der neuen Bundesrepublik die verspätete Regierungsbildung anstand, war die beste Zeit der katholischen Sozialreform indes bereits abgelaufen, und Adenauer konnte, ohne noch auf erbitterten Widerstand zu stoßen, statt der Großen Koalition mit den Sozialdemokraten das Regierungsbündnis mit den kleineren Parteien der protestantisch-bürgerlichen Lebenswelten installieren. Das war der Ausgangspunkt für die systematische Einverleibung der kleineren bürgerlichen Parteien – mit Ausnahme der FDP – und die Integration der verschiedenen protestantischen Milieus in die Union. Hätte sich der katholische Arbeiterflügel durchgesetzt und hätte er auch in Deutschland die Regierungsallianz mit den Sozialdemokraten erzwungen, dann wäre das westdeutsche Bürgertum gewiss nicht ganz überwiegend politisch in der CDU heimisch geworden. Es hätte dann nicht die CDU als Erfolgsmodell, als ›natürliche‹ Regierungspartei der deutschen Bundesrepublik gegeben.

Im Vergleich zu den Sozialdemokraten hatte die CDU als bürgerliche Sammelpartei des Westens nach 1945 von vornherein die ungleich besseren Startvoraussetzungen. Denn die bürgerlich-konfessionellen Milieus waren nach Ende des Zweiten Weltkrieges intakt, während das sozialistische Lager einen zwölfjährigen Kontinuitätsbruch, den Kontaktabriss zwischen Eliten und Basis, dazu große personelle Verluste und Organisationseinbußen zu verkraften hatte (vgl. Walter 2002). So war der protestantische Konservatismus im Westen Deutschlands der große Gewinner der zwölf Jahre NS-Zeit. Seine Strukturen hatten sich unbeschädigt erhalten. In den konservativen Landschaften waren die Eliten des Milieus, die Bürgermeister und Landräte der Weimarer Zeit, ganz überwiegend bis 1945 in ihren Ämtern geblieben. Das konservative Vereinswesen, von den Turnern bis zu den Schützen, hatte ohne Eingriffe überlebt. In den Führungsgremien des konservativen Milieus gab es personelle Kontinuität, von Weimar bis zum Ende der NS-Zeit, dann auch wieder nach 1947 bis in die späten 1950er Jahre (vgl. Kleßmann 1993).

Das katholische Milieu hatte es da schon etwas schwieriger. Aber auch der Katholizismus blieb im Kern während des Nationalsozialismus unbehelligt, eben im Unterschied zum Milieu der Sozialdemokraten und Kommunisten. Die Katholiken konnten ihren kultischen Handlungen im Innenraum der Kirche zwischen 1933 und 1945 ziemlich ungestört nachgehen, durften auch wallfahren und an Prozessionen teilnehmen. Der Außendruck, den es dennoch gab, hatte das Milieu nur noch gefestigt. Die Zahl der Gottesdienstbesucher war angestiegen; der Sakramentenempfang zu Ostern hatte sich erhöht. Kurzum, die katholischen und konservativen Milieus hatten während der NS-Zeit ihre Strukturen konservieren, ihre Einrichtungen und Verbände zumindest lange wahren, ihre Sozialisation fortsetzen, ihr inneres Leben aufrechterhalten können (vgl. Gotto 1990). Auf die Sozialdemokraten traf dies alles nicht zu. Betrachtet man Gesellschaft und Politik aus der Perspektive der Milieus, also der lebensweltlichen Voraussetzungen, Kraftdepots und Heimaten der Parteien, dann verfügten Konservative und Katholiken zu Beginn der westdeutschen Republik über erheblich mehr Voraussetzungen und Rückhalt als die Sozialdemokraten. Auch das hat die lange Erfolgsserie der katholisch-konservativen Regierungspartei von Adenauer bis Kohl begünstigt, hat die chronische Unterlegenheit der Sozialdemokraten in der Bonner Republik mitverursacht, deren Niederlage von 1933 sich 1949 gleichsam fortsetzte. Denn sie hatten zwischenzeitlich viel verloren, während die sozial-kulturellen Bestände ihrer bürgerlich-katholischen Rivalen gut beieinander geblieben waren.

Und doch wurde die CDU erst in dem Moment zur großen und unangefochtenen Integrations- und Sammelpartei der katholisch-protestantischen Milieus, als diese Milieus ihre aus der Kaiserreichszeit und der Weimarer Republik überkommenen Grenzzäune und Absolutheitsansprüche abbauten, ohne sich dabei aber ganz aufzugeben. Die CDU profitierte davon, dass sich die Milieus seit der zweiten Hälfte der 1950er Jahre aufweichten, aber nicht verschwanden (vgl. Gabriel 1993). Es war wieder einmal dieses Zusammenspiel von Konservativität und

Modernisierung, das einer Partei den meisten Nutzen brachte und den stärksten Stoß nach vorn gab. Es war diese Konstellation, in der die CDU auf der Ebene der Bundesländer auch in den norddeutsch-protestantischen Regionen den Durchbruch schaffte. Das spielte sich insbesondere in den 1960er und 70er Jahren ab. Die großen gesellschaftlichen Transformationen in diesen Jahrzehnten hatten stark an den klassischen Fundamenten des Konservatismus in der deutschen Provinz gezehrt. Die Dörfer hatten sich entagrarisiert; der alte Mittelstand war zusammengeschrumpft; Wohlstand und Bildungsexpansion hatten die Menschen unabhängiger und kritischer auch gegenüber den alten Autoritäten gemacht; der Siegeszug der elektronischen Medien ging zu Lasten der überlieferten Eigenkulturen in den regionalen und konfessionellen Milieus. Am Ende dieses Prozesses waren die jungen Leute in den alten konservativ-protestantischen Landschaften etwas weniger fromm, etwas weniger heimatverbunden, etwas weniger ständisch gesinnt. Der Konservatismus war dadurch je nachdem weniger apodiktisch-welfisch, weniger doktrinär-preußisch oder weniger dogmatisch-deutschnational. Er war allmählich auch weniger antikatholisch und antiliberal.

Das wurde zur Chance der CDU, die eben erst jetzt, in den 1960er und 70er Jahren, zur unangefochtenen Sammelpartei der ehemals voneinander getrennten konservativ-konfessionellen Milieus wurde. Es nutzte der CDU, dass die Milieus ihre starren Grenzen nicht mehr ziehen konnten, dass sie offener, durchlässiger, weniger dogmatisch, integrationsbereiter waren. Erst dadurch konnte eine Sammelpartei des katholisch-protestantischen Bürgertums in Deutschland reüssieren. Aber es nutzte der Union auch, dass die Kultur dieser Milieus gerade in der Provinz noch in beachtlichen Restbeständen erhalten blieb, auch die kräftigen sozialen Wandlungsschübe der 1960er und 70er Jahre überdauerte (vgl. Rohe 1992). Dadurch konnte sich die Union als offene und moderne Volkspartei präsentieren, die aber immer noch feste Wurzeln in den lokalen Gesellschaften von Heimatfesten, bürgerlichem Vereinswesen, Honoratiorenstammtischen, kirchlicher Frömmigkeit besaß. Das verschaffte der Union ihre Bandbreite von Konservatismus und Modernität, von festem Halt und flexibler Beweglichkeit, von Volkstümelei und Europäertum, von starren Grundsätzen und programmatischer Offenheit. Die Union also war erfolgreich, weil sich die konservativ-kirchlichen Milieus in ihren strengen Ausformungen auflösten und füreinander öffneten, sie zugleich aber kulturelle Grundmentalitäten, politische Basisorientierungen und heimatliche Verbundenheiten noch auf lange Zeit zurückbehielten (vgl. Schmitt 1985: 327). In die Union flossen somit die verbliebenen

Energien und Loyalitäten der alten Milieus, doch verschwunden war der isolierende Starrsinn von früher. Die Union gebrauchte die Kraftquellen der historischen Milieus, war aber nicht durch ihre Begrenzungen belastet. Das war das Generalrezept einer auch im europäischen Maßstab außergewöhnlich erfolgreichen konservativ-christdemokratischen Partei.

Die Glanzzeit der übrigen christdemokratischen Parteien in Europa lief jedenfalls bezeichnenderweise gerade in jenen Jahren ab, als die CDU ihren Sammlungsprozess der bürgerlichen Milieus in Deutschland erfolgreich abschloss. Die Krise ihrer Schwesterparteien hing eng mit der Krise des Katholizismus, mit der Erosion der Kirchenbindungen, der beschleunigten Entkonfessionalisierung seit der zweiten Hälfte der 1960er Jahre zusammen (vgl. Köcher 1988: 36). Außerhalb Deutschlands übersetzte sich die Entkatholisierung der Gesellschaften nachgerade proportional in Wählereinbußen und Mitgliederverluste für die nationalen christdemokratischen Parteien. Einzig die CDU blieb in diesen Jahren von den katholisch-christdemokratischen Einbrüchen in Europa verschont. Zwar geriet auch die CDU mit der Depression des Katholizismus zum Ausgang der 1960er Jahre in die Kalamität der Opposition. Doch sind die Oppositionsjahre nicht eigentlich als Niedergangsgeschichte der CDU zu erzählen. Schließlich erzielte die CDU in dieser Zeit bei Landtagswahlen fulminante Wahlergebnisse von oft über 50 Prozent und ihr Mitgliederbestand verdoppelte sich binnen weniger Jahre. Nur den deutschen Christdemokraten gelang es, die Säkularisierungsverluste auszugleichen. Denn allein sie hatten es geschafft, den interkonfessionellen Anspruch einzulösen, von den katholischen Kernen in die protestantischen Milieus vorzudringen. Eben deshalb aber war die CDU soziologisch erheblich bürgerlicher und politisch weit antisozialistischer als ihre sehr viel stärker sozialkatholisch eingefärbten Schwesterparteien. Und genau darum war sie in der Lage, auch neusäkularisierte Wählergruppen zu halten, soweit sich diese weiter als Teile des Bürgertums fühlten, die Sozialdemokraten nicht mochten und vor dem Expansionsdrang östlicher Kommunisten nach wie vor furchtbare Angst hatten. Die CDU, kurzum, überstand die erste Krise der Konfessionalität als antisozialistische Sammelpartei des Bürgertums, was die anderen Christdemokratien nicht im gleichen Maße waren. Dazu hatten die deutschen Christdemokraten das Glück, dass ihnen die in Deutschland besonders aggressive Revolte von 1968 und die dann folgende linke Reideologisierung der SPD zu Hilfe kamen. Das gab dem in den 1960er Jahren schon etwas erschlafften bürgerlichen Antisozialismus noch einmal kräftig Auftrieb. Das schweißte die jetzt tief verunsicherten Katholiken und die nun hochgradig verängstigten nationalkonservativen Bürger enger zusammen denn je.

Und es stabilisierte das landläufige Bild über die CDU als vertrauenswürdige Partei von Maß und Mitte, von Solidität und Verlässlichkeit. Die sozialliberalen Jahre und die fortwährenden Generationen- und Flügelkämpfe in der SPD taten der CDU daher nicht schlecht. Ein Großteil des Wahlvolkes war rasch der vielen und hektischen Reformen überdrüssig, hatte bald die Nase voll von den ewigen Emanzipationsappellen, reagierte gereizt auf die dauerhaften Partizipationserwartungen. Hinzu kam noch der Pessimismus nach der ersten Erdölkrise 1973, dann die unter Willy Brandt wieder neu aufbrechende Angst vor einer inflationären Entwertung allen Sparkapitals, schließlich die jähe Furcht vor der Arbeitslosigkeit, als die Zahl der Erwerbslosen unter Helmut Schmidt die Millionengrenze zügig überschritt (vgl. Walter 2002).

Da war man von der CDU anderes gewohnt. Die CDU hatte die Bürger in den ersten beiden Jahrzehnten ihrer Regierungsherrschaft nie überfordert, hatte sie politisch in Ruhe gelassen, entlastet. Die Partei Adenauers hatte stets einen äußerst wachen und sicheren Instinkt dafür, was sie dem Volk zumuten durfte und was nicht. Aus diesem Grund trieb die CDU Reformen nie zu weit, sie betrieb sie vor allem nicht zu laut. Die Partei wusste, dass donnernde und schneidige Veränderungsrhetorik nur Ängste und Widerstände auslöste. In den 1950er Jahren schrumpfte der landwirtschaftliche Sektor in einem Tempo zusammen, wie nie zuvor in der deutschen Geschichte. Die Christdemokraten schrien das aber nicht heraus, mahnten die Bauern nicht ungeduldig durch tägliche herrische Ansprachen zur Anpassungsbereitschaft, beruflichen Mobilität und zu neuem Denken. Damit hätten sie nur wüste Bauernkrawalle provoziert. Die CDU sorgte für die Subventionierung des Wandels, machte vor Ort weiter schöne Heimatfeste, spielte das Stück von der heilen Welt und nahm so all denen, die den harten Wechsel aktiv vollziehen mussten, die Furcht vor dem Neuen (vgl. Bösch 2001: 290). Das war die christdemokratische Zauberformel. Die ganze Republik wandelte sich seit den späten 1950er Jahren. Aber sie merkte es kaum. Dafür sorgte die CDU. Eben das liebte das Gros der Bundesbürger an ihr. Vieles änderte sich, aber irgendwie blieb doch alles wie immer. Es blieb die Kirche im Dorf. Das wurde zur Mentalität des bundesdeutschen Justemilieus. Und deren Partei war auf lange Zeit die CDU.

Für all das stand Adenauer. In der CDU Adenauers hatten die Mahner vor den vermeintlichen Wucherungen des Sozialstaates jedenfalls noch nicht viel zu bestellen. Das erfuhr auch der Bundestagspräsident Eugen Gerstenmaier, als er 1958 im Hauptreferat auf dem CDU-Bundesparteitag das Ende der sozialen Beglückungen verkündete. Gerstenmaier warnte vor dem »Gefälligkeitsstaat« (Gerstenmaier 1956: 1079), sah die – immerhin durchweg christdemokratisch regierte – Republik schon auf dem Weg der »kalten Sozialisierung« irgendwo in Richtung eines sozialistischen Regulierungsstaates. Beschwörend rief er den Delegierten zu, dass es keinen Spielraum mehr für einen weiteren Ausbau des sozialen Systems gebe. Doch die versammelten CDU-Vertreter mochten davon nichts hören. Gerstenmaier erntete wütende Proteste. Die Bataillone der christdemokratischen Interessengruppen, die alle etwas vom Staat wollten, marschierten der Reihe nach auf: erst die Matadore der christlichen Arbeiterschaft, dann Heinrich Lübke für die subventionslüsternen Bauern, schließlich noch die Mittelständler, die ebenfalls ihre Anteile am staatlichen Sicherungssystem beanspruchten. »Die Abneigung gegen den Neoliberalismus brandete leidenschaftlich auf«, hielt der Kommentator der Frankfurter Allgemeinen Zeitung fest. Am heftigsten, aber durchaus repräsentativ polemisierte der Vertreter des christlichen Arbeitnehmerflügels, der Bundestagsabgeordnete und frühere hessische Arbeitsminister Josef Arndgen: »Sie, Herr Gerstenmaier, hätten nicht von Humboldt und Naumann sprechen sollen, sondern von Männern, die der Massengesellschaft nahe standen und nicht den Bürgern. Ich spreche hier auch, damit nicht der Eindruck entsteht, die CDU sei der Meinung, die Grenzen der Sozialpolitik seien erreicht. Der Spielraum ist unbegrenzt.« So ging es zu auf Parteitagen der »Adenauer-CDU«. Neoliberalismus war in den goldenen christdemokratischen Jahren ohne Chance. Nach Gerstenmaier wagte über Jahrzehnte kein Hauptredner mehr, auf einem CDU-Parteitag die Fahne wirtschaftsliberaler Härte zu schwenken. Das war einfach nicht opportun. In der Tat: Eine unerbittliche, nachgerade doktrinäre Ordnungspolitikerin wie Maggie Thatcher wäre in der CDU bis in die 1980er Jahre ganz undenkbar gewesen.

Dazu war die CDU zu sehr Teil des kleinbürgerlichen, auch sesshaften Justemilieus der bundesdeutschen Gesellschaft. Und die CDU stand dazu. Die CDU sprach die Sprache und trug den Habitus des Kleinbürgertums. Denn die CDU wusste, dass das Mitte und Mehrheit der Gesellschaft war. Die Intellektuellen mochten sich über die Spießigkeit der christdemokratischen Prominenz lustig machen. Das störte die Anführer der CDU nicht im Geringsten. Christdemokratische Kanzler schöpften ihre Kraft und Zuversicht daraus, dass sie sich mit dem Kleinbürgertum, mit der Mehrheit verschmolzen, ebenso sentimental von Heimat und Treue redeten, ebenso bestimmt für Fleiß, Disziplin und Ordnung eintraten. Deswegen liebten Adenauer und später auch Kohl die Wochen des Wahlkampfes, die Auftritte auf den Marktplätzen. Sie stießen dort immer auf Leute ihres eigenen Schlages, auf Menschen, die ebenfalls gradlinig, vernünftig und praktisch dachten, nicht sophistisch oder dialektisch daherredeten wie die intellektuellen Querulanten. Am Ende solcher Wahlkämpfe waren Adenauer und Kohl sich immer ganz sicher, dass sie die Schlacht gewinnen würden, dass sie die Mitte und damit Mehrheit der Gesellschaft auf ihrer Seite hatten.

Abschied vom eigenen Modell

Doch damit ging es im Laufe der 1990er Jahre zu Ende. Die Zeiten jedenfalls waren vorbei, dass die Christdemokraten auch nur aus einer ihrer traditionellen Machtressourcen noch kräftig aus dem Vollen hätten schöpfen können. Die Gründungsressource etwa war wahrscheinlich schon im Laufe der 1980er Jahre weitgehend versiegt. Allein die deutsche Einheit 1989/90 hatte den christdemokratischen Gründermythos noch einmal revitalisiert und eine Zeitlang wachgehalten. Doch auch das war rasch passé. Die großen Mythen der Aufbaujahre hatten überall in Europa ihre Leucht- und Tradierungskraft verloren. In den Ende des Zweiten Weltkrieges besonders erschöpften und geschlagenen Ländern, wie Italien und Österreich, hatten die Gründerparteien und -koalitionen ähnlich wie in Deutschland über Jahrzehnte von ihren Konstituierungsleistungen zehren können. In Österreich herrschte der Kult der in gesamtgesellschaftlicher Konkordanz dauerverzahnten »Großen Koalition«, in Italien firmierte die Democrazia Cristiana lange Jahrzehnte als ewige Regierungspartei. In den Neunzigern aber galt das alles nicht mehr. Die eine Partei ist zusammengebrochen und von der Bildfläche verschwunden, die andere Koalition dramatisch geschrumpft und gehörig diskreditiert (vgl. Hanley 2003). Das Gründerkapital war aufgebraucht; die Mythen waren verflogen. Und so hatten auch die deutschen Christdemokraten ihr historisches Guthaben als Partei des wirtschaftlichen Wohlstandes und der ökonomischen Kompetenz aus den Aufbaujahren der Republik mehr und mehr verspielt. Zu lange begnügten sie sich damit, das Erbe Ludwig Erhards zu beschwören, aber sie waren über drei Jahrzehnte nicht fähig, einen neuen Ludwig Erhard hervorzubringen. Legenden ohne neue Leistungen reichen indes in den Zeiten rationaleren Wählerverhaltens nicht mehr aus.

Mehr noch: Die wirtschaftlich prosperierenden Jahre waren vorbei und das christdemokratische Justemilieu nicht mehr durch soziale Prämien leicht zufrieden zu stellen. Vor allem zogen christdemokratische Kleinbürger und christdemokratische Wirtschaftsbürger nicht mehr am gleichen Strang. Die einen, die Mehrheit, klammerten sich an den Status Quo christdemokratisch geprägter Lebensart, sie verteidigten zäh ihre Lebensgewohnheiten, hielten an ihrer Sesshaftigkeit fest, am materiellen Standard, am kommoden Lebensstil. Die anderen und sehr viel wenigeren, die im globalen Konkurrenzkampf mitmischten, hatten sich von der behäbigen Kleinbürgerlichkeit jäh und radikal abgenabelt. Ihnen ging nun alles in Politik, Gesellschaft und Ökonomie zu langsam und zu schwerfällig, sie forderten den harten Schnitt mit der Vergangenheit des Justemilieus, die Überwindung der Konsensrepublik, die Fundamentalreform der sozialen Systeme. Das war der Abschied von der christdemokratischen Gesellschaft.

Überraschenderweise verabschiedeten sich die Christdemokraten irgendwann in der zweiten Hälfte der 1990er Jahre ebenfalls von sich selbst, von den Resultaten der eigenen Politik, von den ehernen Grundsätzen jahrzehntelang bewährter christdemokratischer Anthropologie. Immer waren die Christdemokraten überzeugt davon gewesen, dass man es tunlichst unterlassen müsste, die Menschen zu überfordern, zu überanstrengen, zu verunsichern. Nie hatten die Christdemokraten daran gezweifelt, dass Radikalreformer mit einer radikalen Rhetorik jenseits von Kriegszeiten und ökonomischen Katastrophen ohne Chance waren. Und weil die Christdemokraten das alles voraussetzten, deshalb hatten sie das Volk saturiert, gehätschelt, in Watte gepackt. Christdemokraten wollten nicht – sie waren schließlich keine Sozialisten – Avantgarde ohne Gefolgschaft sein, sondern Teil der Mitte und Mehrheit. Nach etwa 1996 indes kam es immer häufiger dazu, dass gerade jüngere CDU-Politiker hämisch die zuvor stets umhegte Mitte mit herrischen Vorwürfen vor den Kopf stießen. Die Christdemokraten beklagten auf einmal eine gesellschaftliche Mentalität, die sie selbst über Jahrzehnte produziert und von der sie außerordentlich prächtig gelebt hatten. Aber nun war verächtlich von »Vollkasko-Gesellschaft« (Westerwelle 1996) die Rede; jetzt wurde wütend die »Risikoscheu« (Schulz-Hardt/Lüthgens 1996) der Bundesbürger angeprangert. Plötzlich wurde mit schneidiger Schärfe verlangt: Mehr arbeiten, mehr Eigenverantwortung, weniger Staat, schnelle Reform, einen radikalen Richtungswechsel. Es ging nicht mehr christdemokratisch zu in der Christdemokratie.

Fast 50 Jahre lang war die CDU dem Volk nicht vorausgeeilt. Mit ihrem wachen Instinkt hatte die CDU immer schnell registriert und politisch rasch geschaltet, wenn sie sich vom Maß der Mitte zu weit entfernte. Dieses Sensorium aber ging den Christdemokraten in den 1990er Jahren zumindest zeitweise verloren. Gewiss, die ungeduldigen Parolen der neuchristdemokratischen CDU waren Tag für Tag in den Zeitungen zu lesen. Und sie gehörten zum guten Ton auch in allen Gesprächen der Interpretations- und Wirtschaftseliten der Republik (vgl. Walter/Bösch 1998). Aber die Mehrheit des altchristdemokratisch sozialisierten Volkes zog nicht mit, reagierte bockig, als die jungen, ehrgeizigen Juristen und Betriebswirte der CDU sie zu mehr Arbeit und weniger Einkommen, zu mehr Risiko und weniger Sicherheiten, zu mehr Mobilität und weniger Sesshaftigkeit antreiben wollten. All das war ganz und gar unchristdemokratisch. All das wäre der alten Christdemokratie nie passiert, dass sie den Eliten folgte und die Mitte links liegen ließ. Doch der christdemokratische Parteinachwuchs hatte sich in den 1980er und 90er Jahren sozial verengt. Es gab zu viele BWLer, zu wenig Sozialkatholiken. In den 1950er und 60er Jahren wuchsen große Teile der CDU-Führungsschicht noch in den katholischen Laienorganisationen heran. Der örtliche Junge-Union-Vorsitzende war zumeist auch Leiter der Katholischen Jungen Gemeinde. Die katholischen Verbände waren ethische Wurzel, Erfahrungswelt, Schulungsstätte und Pressure-group für christdemokratische Karrieren (vgl. Bösch 2001: 315). Und über die katholischen Organisationen horchte die CDU in die Gesellschaft hinein, blieb dadurch trotz aller Honoratiorenstrukturen hinreichend sozial und volkstümlich. Aber die sozialkatholischen Wurzeln der CDU verdorrten in den 1980er Jahren. Die Mitgliederzahlen der christlichen Arbeitnehmerschaft gingen um ein Drittel zurück (Bürklin et al. 1997); und es blieben in den Sozialausschüssen vorwiegend Beamte des gehobenen Dienstes.

Natürlich: Nicht alles war neu in der Christdemokratie, vielleicht nicht einmal das meiste. Doch die Neuen führten nun mehr und mehr das Wort. So ging allerdings ein Riss durch die Christdemokratie, durch die Partei und vor allem die Anhängerschaft. Mit sozialen Differenzen hatten die Christdemokraten immer leben müssen. Das war solange nicht gefährlich, als alle Gruppen sich einig wussten in der Hochschätzung der konservativ-christlichen Werte, in der normativen Grundorientierung auf Heimat, Nation, Religion, Familie. Der Neoliberalismus der neuchristdemokratischen Fundamentalreformer aber brachte die altkonservativen Fundamente ins Wanken. Im Grunde waren es schon längst nicht mehr die ewigen Feinde des Konservatismus, die Sozialisten und Kommunisten, welche die konservative Lebens- und Wertewelt gefährdeten. Es waren nun die Avantgardisten des wirtschaftlichen Liberalismus im eigenen bürgerlichen Lager, die an den überlieferten Institutionen, Bräuchen und Kulturen rüttelten (Walter/Bösch 1998). Denn der globalisierte Kapitalismus, für den die Jungreformer in der Christdemokratie zumindest zwischenzeitlich schwärmten, ließ wenig Raum noch für die alten Heimaten, wenig Zeit noch für die konventionelle Familie, wenig Souveränität noch für den überkommenen Nationalstaat, wenig spirituelle Orte für das christliche Mysterium. Der bürgerliche Neuliberalismus untergrub die altkonservativen Bindungen.

So teilte sich vor der Bundestagswahl 1998 das christlich-bürgerliche Lager; nach Generationen, nach ökonomischer Stellung und Werthaltung. Einigen dort ging es mit der gesellschaftlichen Deregulierung nicht flott genug, die anderen wollten alles so konservieren, wie es immer schon war. Ganze Lebenswelten im CDU-Potenzial fielen da auseinander. Die einen waren begeisterte Vereinsmeier, regelmäßige Kirchgänger, treue Ehepartner, ängstliche Sparer und sesshafte Menschen, die anderen waren hochmobile, säkularisierte und hedonistische Single-Individualisten. Die einen zitterten um die Rente, für die die anderen nicht mehr geradestehen wollten. Die CDU plagte sich mit den Widersprüchen zwischen Modernisierern und Traditionalisten, bekam die Balance nicht mehr recht hin – und blieb so bei den Bundestagswahlen 1998, 2002 und 2005 folgerichtig dreimal hintereinander unter der früher so leicht genommenen 40-Prozent-Hürde (Hirscher 2006: 108).

Es bröselt

Parteien haben es in Deutschland allerdings gar nicht so leicht – wir sahen es eingangs –, aus ihren Niederlagen zu lernen. Zu unmittelbar folgen in der föderalen deutschen Republik den Talsohlen tiefer Depressionen häufig genug die lichteren Höhen des Trostes, ja der machtpolitischen Kompensation. Vor allem für die CDU/CSU galt das in den letzten acht Jahren. 1998 ging die lange Kohl-Ära nach der bitteren Niederlage gegen Rot-Grün zu Ende. Doch schon ein gutes Vierteljahr später war die CDU nach dem Machtwechsel in Hessen von Hans Eichel zu Roland Koch wieder obenauf (Hirscher 2006: 87). Ganz ähnlich verlief es 2002. Erneut verlor die Union gegen Gerhard Schröder und Joschka Fischer (Korte 2005: 32). Und wieder dauerte es nur wenige Monate, bis sie bei Regionalwahlen nachgerade triumphierte. Die Bundestagswahlen 2005 endeten, in langer historischer Perspektive betrachtet, mit einem Desaster für die Union. Doch Frau Merkel wurde gleichwohl Kanzlerin; demoskopisch strahlte die Sonne der Zustimmung seither wieder warm auf die zuvor noch selbstzweiflerischen Christdemokraten im Land.

Dennoch: Die Union ist nach 1994 auf der Bundesebene nicht mehr wieder über 40 Prozent der Stimmen gekommen, was für die nahezu klassische Großvolkspartei einen herben Anschlag auf das Selbstbewusstsein bedeutet.

Die Union verlor zwei Bundestagswahlen in Folge; sie bekam Probleme in den modernen Lebenswelten der bundesdeutschen Gesellschaft: in den Großstädten (Schmid 2008: 68), bei Frauen jungen und mittleren Alters, in den säkularisierten Erwerbsberufen der humandienstleistenden Berufe, wo sie im September 2005 durchweg in der deprimierenden Isolation des 20-Prozent-Turms eingemauert blieb. Das hat sich – um hier einmal vorzugreifen – 2008 fortgesetzt. Wieder fiel bei den Regionalwahlen in Hessen, Niedersachsen und Hamburg die Distanz zur ›bürgerlichen‹ CDU in keiner anderen Gruppe derart groß aus wie bei den Wählern mit Abitur und Hochschulabschluss, vor allem bei solchen weiblichen Geschlechts. Da es sich hier um wesentliche Fermente der Wissensgesellschaft handelt, ist diese Entwicklung für die CDU in der Tat elementar gefährlich (vgl. Bösch 2001, Jesse 2003). Die Union kam bei den Wählerinnen in Hessen zwischen 18 und 24 Jahren auf karge 24 Prozent, bei den 25- bis 44-jährigen Frauen waren es auch nur 32 Prozent. Selbst in Niedersachsen lag die CDU Christian Wulffs bei den Frauen von 18 bis 59 Jahren durchweg unter 40 Prozent (Statistische Berichte Niedersachsen 2008: 366). Der CSU erging es im September 2008 bei den Landtagswahlen nicht anders. Unter den Wählern mit hoher Bildung schnitt die hessische CDU – wie auch die niedersächsischen Christdemokraten – weit schlechter ab als bei denen mit mittlerer oder niedriger Formalbildung. Die hessische Union kam bei den Bürgern mit Abitur auf lediglich 31 Prozent der Stimmen; auch die Wulff-CDU lag in diesem Segment unter 40 Prozent und Ole von Beust verzeichnete die geringsten Sympathiewerte bei Hamburgern mit Hochschulreife. Die CSU erreichte im Herbst 2008 bei Wählern mit formal niedrigem Bildungsgrad noch die absolute Mehrheit, kam aber bei den Hochgebildeten nur noch auf 35 Prozent. Beamte galten lange als staatstreu, konservativ und daher sichere Wähler der CDU. Hier indessen verzeichnete die hessische Union katastrophale Einbrüche. Nur 24 Prozent der Staatsdiener gaben der konservativen Landespartei ihr Votum (während sich 68 Prozent für Rot-Rot-Grün entschieden).

Die Sozialdemokraten begannen zu schrumpfen, als ihre industriellen Hochburgen zerfielen, als die Welt der Zechen, Werften und Hochöfen unterging. Doch auch die Welt der Christdemokraten wird nunmehr schmaler und schmaler, da immer weniger Menschen im modernen Deutschland noch treue Kirchgänger, lebenslange Heimatverbundene, dogmatische Nationalpatrioten und wütende Bekämpfer jedweder Emanzipation sind. Diesen Typus findet man noch hier und da in der Provinz, aber er wird minoritär und er befindet sich in einem kulturell tiefgreifenden Gegensatz zu anderen, neuen, jüngeren Schichten im Bürgertum.

Altersstruktur der CDU im Vergleich, Quelle: Neu 2006

	1993	2006
Geschlecht		
Männer	75	75
Frauen	25	25
Altersgruppe		
16-24	2	2
25-29	3,7	3
30-39	12,2	10
40-49	20,9	16
50-59	29,2	21
60-69	18,1	24
70 und älter	13,6	23
Mitglieder gesamt	685.343	561.070

Die Wahlerfolge auf der Regionalebene in den Jahren 2003/04 haben das Elektorat der CDU zunächst noch heterogener gemacht. Und es zeigt sich, dass die Union keinen volksparteilichen Kitt in früherer Fülle mehr besitzt (vgl. Lösche 1993), um die verschiedenen Gruppen und Ansichten zusammenzufügen. Die großen Wahltriumphe der Landesfürsten Wulff, Stoiber, Rüttgers, Müller, Beust und Koch gingen auf einen ganz ungewöhnlichen Stimmenzuwachs aus der Arbeiterschaft zurück (vgl. Walter 2004c, Augstein 2005). Dies kam einer Revolution in der Wahlgeschichte gleich. Die Union war im Laufe der unpopulären sozialdemokratischen Agendapolitik des Bundeskanzlers Schröder deutschlandweit zur Mehrheitspartei der Arbeiterklasse mutiert. Indes wusste die CDU – mit Ausnahme von Jürgen Rüttgers – in keiner Sekunde etwas mit diesem auch für sie überraschenden Zulauf anzufangen. Er war ihr erkennbar fremd, fast ein bisschen unheimlich, war jedenfalls auf der Bundesebene der Union nie ein Thema der strategischen Diskussion. Die männliche Unterschicht war der christdemokratischen Partei fast beiläufig zugeflossen. Explizit geworben hatte die Union um die ungebildeten und materialistisch disponierten jungen Männer der Unterklasse nicht. Sie machte sich auch – wieder mit Ausnahme der CDU in NRW – keinerlei Gedanken, wie sich dieses Wählersegment möglicherweise halten und binden ließ. Ein derartig verblüffendes strategisches Versäumnis hat es in der Geschichte der Volksparteien zuvor selten einmal gegeben.

In der politischen Alltagsrealität begegneten sich die alten Lebenskreise der Union und die neue untere Lebenswelt jedenfalls nicht. Die organisatorisch unbehauste Arbeiterklasse wählte die CDU 2003 und 2004/05, aber sie kam alltagskulturell nicht mit ihr zusammen. So wusste die politische Elite der CDU wenig von der sozialen Wirklichkeit, der Sprache, den Einstellungen dieses Teils ihrer Wählerschaft. Auf christdemokratischen und christsozialen Parteiversammlungen dominierten nach wie vor allein die mittelständisch-selbstständigen Lebenswelten der Republik. CDU-Parlamentarier stießen daher Woche für Woche, Abend für Abend in ihren Wahlkreisen auf eine Mentalität besitzbürgerlicher Interessen und Vorurteile, auf Bitterkeit über den Steuerstaat, auf Wut über das vermeintlich kommode Leben von Sozialhilfeempfängern (vgl. Braun 2003). Auf die Sorgen und Ängste der Sozialhilfegruppen selbst aber, denen einige christdemokratische Abgeordnete ihr Mandat durchaus zu verdanken haben, trafen sie in der christdemokratischen Kleinbürgerlichkeit nicht. Auch die früheren sozialkatholischen Netzwerke waren erheblich geringer geworden; das hatte die traditionelle Volksnähe der Union reduziert. Dafür war allerdings der Druck der ungeduldigen und rigider gewordenen ökonomischen Eliten auf die Parlamentarier und Parteiführer der Union in wirtschafts- und gesellschaftspolitischer Hinsicht angewachsen. Das hat die Unionspolitik besitzbürgerlicher gemacht. So aber konnten die beiden neuen Seiten der CDU – die soziale Unterschichtung der Wählerschaft hier, die liberal-individualistische Verbürgerlichung der Parteikerne dort – zu keinem Zeitpunkt zusammenfinden. Und so machte sich der größte Teil des Subproletariats wieder auf und davon – viele davon geradewegs zur Linkspartei. Auf diese Weise verlor die Union dann auch das bereits gewonnen geglaubte Spiel am 18. September 2005, da sie im Segment der Arbeiterschaft am stärksten Stimmen abgeben musste, präzise: sieben Prozentpunkte. Auch bei den Regionalwahlen 2008 lagen die Einbußen der CDU in der Gruppe der Arbeiter bei knapp zehn Prozentpunkten, im Segment der Arbeitslosen gar bei nahezu 20 Prozentpunkten, in der CSU bei 24 bzw. 19 Prozentpunkten.

Doch hat die CDU nicht nur die Arbeiter abgestoßen, sondern ebenfalls – und eben das macht die Dramatik aus – viele Selbstständige. Das ist jedenfalls die zweite Gruppe, in der die Verluste – mit sechs Prozentpunkten – bei den Bundestagswahlen überdurchschnittlich ausfielen. Denn auch im Bürgertum gibt es seit einigen Jahren drastische Stimmungsveränderungen. Das sesshafte Bürgertum der 1950er bis 1970er Jahre war oft noch für die CDU in der Ortspolitik aktiv. Es wusste infolgedessen, wie Politik funktioniert, kannte und verstand die zähe Dauer von Kompromissbildungsprozessen. Die Globalisierungselite von heute beteiligt sich schon aus Zeit- und Mobilitätsgründen nicht mehr an der stationären Politik; sie ist auch nicht mehr bereit, die Langwierigkeit von Gremiensitzungen und die Schwerfälligkeiten von Partei- und Regierungsorganisationen nachzuvollziehen. Der niederländische Soziologe Gabriel van den Brink bezeichnet diese Menschen als »betriebsame Bürger« (Schlieben 2007), die in ihrem Berufsalltag unter zeitlichem Hochdruck nach harten Effizienzgesichtspunkten zu handeln haben. Zunehmend mehr verachtet dieser Typus des »betriebsamen Bürgers« (vgl. van den Brink 2003) den langsamen Staat, die verkrusteten Bürokratien, die dauerpalavernden Volksparteien, aus seiner Sicht: all die etatistischen Monster, die er mit seinen Steuergeldern auch noch alimentieren muss. Dieser Teil des zornigen, ungeduldigen, unentwegt betriebsamen Bürgertums hat sich von der Christlichen Union dispensiert.

Zur Entbürgerlichung der CDU-*Struktur* hatte übrigens früh schon die hochgelobte Parteireform der Generalsekretäre Biedenkopf und Geißler beigetragen (Bösch 2002a). Diese Reform setzte die Parteisekretäre, Funktionäre und Delegierte, oft aus dem öffentlichen Dienst, an die Stelle der Honoratioren aus dem selbstständigen Bürgertum. Die CDU glich sich damit den Sozialdemokraten an (Gauland 1994). Doch waren das zwei verschiedene Lebenswelten. Für ehrgeizige und begabte Arbeiter war die sozialdemokratische Apparatpartei einst ein Emanzipations- und Aufstiegsvehikel. Für die beweglichen Talente aus der Arbeiterklasse lohnte sich in der klassischen Phase der Sozialdemokratie die Ochsentour durch die Parteigremien; und die Partei profitierte davon (vgl. Walter 2002). Für den ambitionierten Nachwuchs des sozial bereits arrivierten Bürgertums aber war und ist die Kärrnerarbeit in der Partei nicht erstrebenswert. Sie ist unter den neuen gesellschaftlichen Bedingungen für ihn auch kaum zu schaffen. Denn die Organisationsstrukturen und Karrierewege des christdemokratischen Parteiapparats sind mit den Arbeits- und Mobilitätsanforderungen der jungen Leistungsträger im deutschen Bürgertum nur schwer vereinbar. Im christdemokratischen Ortsverband wird nur derjenige etwas, der ständig am Ort anwesend ist, sich dauerhaft sesshaft gemacht hat und über viel freie Zeit verfügt. Sein Beruf darf ihn im Grunde nicht allzu sehr beanspruchen. Denn er muss Zeit haben für die telefonische Intrige. Er braucht Zeit, um an den Infotischen auf den Marktplätzen zu stehen. Er benötigt Zeit für die Ortsverbandsversammlungen, die Stadtratssitzungen, die zahlreichen Kungelrunden und Kommissionen. Über ein solch üppiges Zeitbudget aber verfügen junge Bürger im scharfen wirtschaftlichen Wettbewerb nicht. Sie sitzen am Notebook im ICE, wenn der Ortsverband tagt. Und sie wechseln häufig den Wohnort, statt sich in einer Stadt auf Lebenszeit niederzulassen und in der lokalen Gesellschaft zu etablieren. Dem modernen Bürgertum, kurzum, fehlt die Zeit für traditionelle Parteiformen. Die Organisation der CDU aber prämiert allein den Bekanntheitsgrad und die Verankerung vor Ort; sie belohnt die Vereinsmeierei, den langsamen Marsch durch das Institutionengeflecht der Partei. Die große bürgerliche Partei der Republik verliert dadurch den Anschluss an den wirtschaftlich innovativen Teil des Bürgertums. Viele Jahrzehnte verschmolzen bürgerliche Lebenswelt und bürgerliche Partei. Allmählich aber tut sich eine Kluft auf.

Und so also hat die Union an beiden Seiten verloren, im Frustproletariat und bei der betriebsamen Bourgeoisie. Ein weiteres gewaltiges Zukunftsproblem für die CDU schließlich ist, dass ihre demografische Ressource austrocknet. Jetzt erst wird deutlich, wie sehr der Union die sozialliberalen Jungwählerkohorten der 1960er und 70er Jahre fehlen. Immerhin waren dies die letzten Baby-Boom-Jahrgänge der deutschen Geschichte. Nun bilden sie Mitte und Kern der Gesellschaft. Sie sind die Eltern, Berufstätigen und mittleren Eliten dieser Republik. Sie sind mehrheitlich und biografisch offenkundig nachhaltig Gegner der Union. Gegen diesen sozialliberal geprägten Mehrheitskern war schon die christdemokratische Wirtschaftsreform der 1990er Jahre nicht durchzusetzen. Diese neue Mitte bildete das elektorale Fundament des Regierungswechsels 1998 und bildet weiterhin die Blockademacht gegen eine schwarz-gelbe Mehrheit im Bund. Vor allem bei den jüngeren und mittelalten Frauen ist die CDU – wir sahen es – bemerkenswert abgemeldet. Das aber ist eine historische Zäsur und ein Menetekel für die Christdemokratie. Seit Einführung des Frauenwahlrechts bildete gerade der weibliche Teil des Elektorats die Hauptstütze der christlichen Parteien. Die Frauen waren es, die am Anfang der Weimarer Republik den Niedergang der katholischen Zentrumspartei und der protestantischen Konservativen zum Ende des Kaiserreichs stoppten. Und die Frauen verschafften Konrad Adenauer in den 1950er Jahren über zwei Legislaturperioden die absolute

Mehrheit der Mandate im deutschen Bundestag. Jetzt aber kommt die Union bei den Wählerinnen zwischen 18 und 34 Jahren nicht einmal mehr auf 30 Prozent. Über Jahrzehnte erreichten CDU/CSU bei den über 60-Jährigen konstant weit über 50 Prozent. Jetzt, da die Älteren in der ergrauenden deutschen Gesellschaft schon anteilsmäßig im Elektorat immer wichtiger werden, schafft sie in dieser Kohorte lediglich 43 Prozent (Roth/Wüst 2006: 49). Ihre Rentnerressource versiegt seit 1998 systematisch. Ihre Proportionen in der Wählerschaft sind unausgeglichen, da die Union bei den 18- bis 24-Jährigen nur auf 26 Prozent kommt (Infratest Dimap 2005).

In ihrer Kernwählerschaft ist die Union dezidiert kirchlich geblieben. Ihren volksparteilichen Charakter bei den Bundestagswahlen verdankt sie in erster Linie den gläubigen Katholiken in den süddeutschen Landesteilen der ansonsten weithin entkonfessionalisierten Gesellschaft (Roth/Wüst 2006: 55). Auch das wird es der Union schwer machen, mit kraftvoller Zielstrebigkeit den neuen Ufern gut gelaunter und großzügiger Toleranz für alle möglichen Lebensarten zuzustreben. Natürlich: Die CDU weiß, wie sehr sich ganze bürgerliche Lebenswelten von den überkommenen christlichen Moralvorstellungen entfernt haben. Auch die nachwachsenden CDU-Eliten selbst sind oft genug nur noch nachlässige Christen, praktizieren, dem Vernehmen nach, zuweilen den vor- und nebenehelichen Beischlaf. Das »C« orientiert auch bei christdemokratischen Wählern nicht mehr mehrheitlich die eigene Lebensweise; und das »C« ist nur selten das konstitutive, Ordnung stiftende Prinzip für die Politik der Union.

Noch konservativ?

Sozialdemokraten bezeichnen ihre christdemokratischen Gegner immer noch gern in polemischer Absicht als »Konservative«. Doch sind Christdemokraten tatsächlich noch konservativ – wollen sie das überhaupt noch sein? Als politische Weltanschauung hat der Konservatismus in demokratischen Massen- und Mediengesellschaften generell einen schweren Stand. Im Unterschied zu den meisten anderen politischen Ideologien verfügt der Konservatismus nicht über illuminierende Bilder von Zukunft. Konservative können nicht fröhlich auf der Panflöte der Menschheitsbeglückung spielen, können keine Sirenengesänge von Emanzipation und Befreiung anstimmen, dürfen nicht glänzenden Auges unbefangen dem Fortschritt zujubeln. Denn schließlich gilt für Konservative eine politische Haltung, die allen Wunschbildern, Träumen, Utopien vom Anderssein mit erfahrungsgesättigtem Misstrauen begegnet. Konservative setzen auf Bestand und Empirie, auf das Konkrete und Dauerhafte, auf Überlieferung und Geschichte. Das beraubt den Konservatismus des intellektuellen Glamours für alle Menschen und Gesellschaften, die sich rauschhaft dem dynamischen Wandel verschrieben haben, die enthusiastisch den Arkadien des jeweils Modernen entgegentänzeln.

Konservative verfallen nicht der suggestiven Magie des Neuen. Erst recht glauben sie nicht an die Plan- und Machbarkeit sozialen Wandels. Sie fürchten den Ingenieur, den Physiker oder Biochemiker in der Rolle des Politikers, der Gesellschaften am Reißbrett und nach Art von Laborexperimenten zu modellieren versucht. Und darin lag oft genug die Raison des konservativen Vetos. Konservative hatten nicht selten eine hohe Sensibilität für die Anmaßungen und Unduldsamkeiten fundamentaler Umwälzungen. Sie nahmen die Nachtschatten jeder Modernisierung wahr, die entheimatete, zerriss, entfremdete, desintegrierte – und dadurch radikalisierte. Für ein Reißbrettkonzept wie das der »Kopfpauschale« hatten nüchterne Konservative nur Kopfschütteln übrig.

Doch merkwürdig: die klassische Partei des Konservatismus in Deutschland besaß dafür kaum ein Sensorium mehr. Sie wurde liberal, als die Strahlkraft des Liberalismus bereits erlosch. Ein Teil der christdemokratischen Parteielite entdeckte freudig die verpflichtungsfreie und multioptionale Lebensweise, als die zuvor noch begeistert modernen Menschen davon längst ermüdet waren und lieber verlässliche Ruhepunkte suchten. Das christdemokratische Freiheitspathos feierte den Markt allumfassender Eigenverantwortlichkeiten, als ein zunehmend wachsender Teil der Bevölkerung gerade von der Politik eher Komplexitätsminderung in der permanenten Unübersichtlichkeit nachgerade bedrückender Entscheidungszwänge erwartete. Die früheren Konservativen zerlegten die staatlichen Institutionen und lockten private Anbieter, während eine Mehrheit der Bürger mindestens im öffentlichen Bereich nicht auch noch in die erschöpfende Rolle des ständig informierten, rechnenden, kalkulierenden, schnäppchenjagenden Konsumenten schlüpfen mochte.

Eben das hatte der klassische Konservatismus dem traditionellen und neu drapierten Liberalismus stets voraus: Er hatte die entlastende Funktion von dauerhaften Institutionen und habitualisierten Vorgängen erkannt, die den Menschen die Energie für das *Wesentliche* lassen, welche ihnen der ständige Improvisationszwang der deregulierten und konsequent vereinzelten Freiheitsgesellschaft nimmt. Genuine Konservative haben also für das wuchernde Penetrationsprinzip der Marktgesetze nichts übrig. Doch ein solcher Konservatismus hat in der

CDU in den letzten zwei Jahrzehnten mehr und mehr an Boden verloren. Für genuine Konservative und streng gläubige Katholiken sind das daher keine leichten Zeiten. Sie sollen einer Partei die Treue halten, die sich zunehmend mehr selbstsäkularisiert und von Traditionen gelöst hat: in der Familienpolitik, beim Embryonenschutz, in der persönlichen Lebensführung ihres Spitzenpersonals. Die christdemokratische Parteielite goutiert nunmehr selbst die Vorzüge bindungslockerer Individualität. Auch die Anführer der Christlichen Union wollen sich jetzt und künftig nicht mehr lebenslänglich Normen unterwerfen und davon final festbinden lassen. Zumindest wollen sie am Sonntagmorgen, auch wenn das Glockengeläut zum Kirchgang aufruft, lieber ausschlafen – so jedenfalls ließ sich die protestantische Pfarrerstochter und spätere Kanzlerin Angela Merkel einmal vernehmen.

Sie können dabei auf den gesellschaftlichen Gesamttrend verweisen. Insgesamt haben sich die nachwachsenden Generationen den institutionellen, kulturellen und normativen Prägungen der christlichen Großkirchen entzogen. Das wird, wie gesagt, in den nächsten zwei bis drei Jahrzehnten auch politisch und gesellschaftlich durchschlagen. Unter den 50- bis 59-Jährigen gibt es heute noch 30 Prozent, denen die christliche Orientierung einer Partei wichtig ist, bei den 16- bis 25-Jährigen sind das weit unter zehn Prozent. Jeder dritte Deutsche ist mittlerweile sowieso konfessionslos. Im europäischen Religionsvergleich liegt Deutschland im Jahr 2008 ganz hinten. In Bundesländern wie Schleswig-Holstein, Mecklenburg-Vorpommern und Sachsen-Anhalt bezeichnen sich nicht einmal mehr fünf Prozent der repräsentativ befragten Bürger als »gottesgläubig« (Stiftung für Zukunftsfragen 2008). Insofern muss die CDU auf Gebote und Mahnungen des institutionalisierten Christentums nicht mehr besonders viel Rücksicht nehmen – und sie macht es auch nicht.

Der Berliner Korrespondent des »Kölner Stadt-Anzeigers« hat in einer fast anrührend feinfühligen Reportage am Beispiel seiner Eltern und seiner münsterländischen Heimat die zunehmende Irritation des katholischen Milieus über ›seine‹ Partei beschrieben:

»Meine Mutter lag jenem Helmut Kohl zu Füßen, den sie vom akademischen Deutschland als ›Birne‹ verhöhnt sah. Wenn es der CDU nicht gut ging, entgegnete sie immer: ›Die anderen können es auch nicht besser!‹ Das war so wenig zu widerlegen wie der Satz: ›Es muss doch einen Gott geben!‹ […] Von ihrem Wohnzimmer aus beobachtete sie die Welt.

In den siebziger Jahren hatte diese Welt noch mit ihren persönlichen Idealen übereingestimmt, jedenfalls oberflächlich und was die privaten Verhältnisse betrifft. Die Menschen bei uns zu Hause besuchten den Gottesdienst.

Sie verdienten ihr Geld mit ehrlicher Arbeit, es waren zumal für Handwerker und Einzelhändler wie meine Eltern Zeiten relativ ungefährdeten Wohlstandes. Paare heirateten und bekamen Kinder. Eine Ehescheidung war ein Makel. Dass ein Paar sich trennte, bloß weil einer der beiden Partner nicht mehr glücklich war, lag für meine Mutter außerhalb jeder Vorstellungskraft. Unvorstellbar war zudem, was ihr eigener Vater eines Tages andeutete: dass er während der Weimarer Republik mal SPD gewählt hatte.

Je mehr die Zeit voranschritt, desto unübersehbarer klafften die Moral meiner Mutter und das Leben auseinander. Dies war ihr freilich kein Zeichen normaler Veränderung; es war ein Zeichen der Verirrung der Welt. Die Wirklichkeit war in ihren eigenen vier Wänden. Das Unwirkliche geschah draußen. Es konnte keinen Bestand haben.

Meine Mutter hielt sich am Katholizismus und an ihrer CDU fest wie an einer Boje. Sie hatte Angst. Die Angst rührte, so vermute ich, vom Krieg her. Die Schulzeugnisse meiner Mutter aus den letzten Kriegsjahren tragen die Unterschrift meiner Großmutter. Mein Großvater diente der Wehrmacht und lehnte später den Wunsch seiner Frau nach Reisen ins Ausland mit dem Hinweis ab, selbst schon alles gesehen zu haben. Je älter meine Mutter wurde, desto öfter sprach sie über Geld. Mit Geld verknüpfte sich jene scheinbare äußere Sicherheit, die sie in sich nicht fand.

Die Angst meiner Mutter vor dem Leben als Prozess der Veränderung verband sich mit einer zeitgeschichtlich geprägten Form der Religiosität, in der Individualität und eigene Ansprüche keinen Platz hatten – schon gar keine weiblichen Ansprüche. Katholizismus, das war Angst und Schuld und Dunkelheit, die süchtig machen kann.

In einem unserer letzten Gespräche über Politik deutete meine Mutter an, dass sie von ihrer Vorsitzenden nicht viel hielt. Die ostdeutsche Protestantin Angela Merkel – kinderlos und selbstbewusst – war ihr vermutlich die denkbar größte Provokation. Diese Frau wartete nicht. Sie fürchtete sich nicht vor der Veränderung. Sie trieb diese Veränderung voran und die Männer vor sich her. Das Leben hatte von der CDU Besitz ergriffen, so muss meine Mutter das empfunden haben.

Die Partei von sich aus zu verlassen wäre ihr gleichwohl nicht in den Sinn gekommen. Dabei war offensichtlich: Eine Partei, in der so eine Frau Vorsitzende werden konnte, die konnte nicht mehr ihre Partei sein.« (Decker 2006)

Für politische Strategen zählt am meisten die soziale und kulturelle Mitte. Und die zeigt sich erkennbar störrisch, wie auch die Verluste der CDU/CSU dort bei den Landtagswahlen zeigen. Die selbst in historisch langer Sicht besonders adaptionsbereite und -fähige sozial-kulturelle Mitte hat im schnellen ökonomischen und gesellschaftlichen Wandel der letzten Jahre nicht aufbegehrt, sondern die abverlangten

Einstellungswechsel und Kompetenzerweiterungen in großer Eigenverantwortung mitvollzogen. Aber sie sieht diese Anstrengungen nicht hinreichend anerkannt; im Gegenteil: Sie fürchtet, den einst festen Boden unter den Füßen zu verlieren. Als der hektische, oft unausgegorene Innovationseifer zuletzt dann auch noch zu Lasten der Bildung und kulturellen Sozialisation der eigenen Töchter und Söhne ging, wurde ein Teil gerade dieser Mitte – für welche die Familie und die Zukunft der Kinder Zentrum aller Anstrengungen und Lebenspläne bilden – vollends gegen die CDU aufgebracht. Die überstürzten Installationen des Projekts »G8« in christdemokratisch regierten Ländern hat die Union ausgerechnet auf einem Politikfeld in die Defensive manövriert, das sie seit Mitte der 1970er Jahre aus der Perspektive mittelschichtiger Eltern weit besser zu bestellen verstand als der sozialdemokratische Konkurrent. Diese Wahrnehmung hat sich, zunächst kaum merklich, schon im Laufe des Jahres 2007 folgenreich verändert.

Dazu: Die Mitte fürchtet derzeit weitere Positionsverluste. Fast jeder dort hat während der letzten Jahre in seinem Nahbereich dem sozialen Absturz eines Zugehörigen der eigenen Schicht zusehen können. Deswegen ist die Mitte keineswegs für weitere Deregulierungen. Im gesellschaftlichen Zentrum mehren sich protektionistische Einstellungen, die den nationalen Arbeitsmarkt unter stärkeren staatlichen Schutz gestellt sehen wollen. Gerade für die Mitte ist es seit jeher konstitutiv, dass es in der Zukunft Möglichkeiten der Statushebung gibt, dass individuelle Anstrengungen auch Aufstiegsprämien abwerfen, dass ordentliche Gewinne der Unternehmen ebenfalls dem Lebensniveau der Angestellten zugute kommen. Diese Erwartung hatte ein Großteil der Mitte lange mit der CDU verknüpft. Damit allerdings ist es weithin vorbei.

Die Mitte auf der Flucht

Die Mitte glaubt – so die Ergebnisse neuerer Studien – im Unterschied noch zu den 1970er/80er Jahren nicht mehr an einen weiteren Aufstieg nach oben; aber sie möchte den eigenen Status wahren und *innerhalb* der Mitte selbst eine reputierliche Position für sich und den Nachwuchs halten, wenn möglich auch ausbauen. Die Mitte gehörte nicht zu den Protagonisten der »New Economy«, auch nicht zu den Avantgardisten postmoderner Zeitgeistigkeit spaßgesellschaftlicher Jahre. 2001 war dennoch auch für die Mitte ein Jahr der Zäsur, des Schocks – und der Bestätigung geheimer Befürchtungen. Man hatte zuletzt beim Aktienboom mit dabei sein wollen, war dann heftig auf die Nase gefallen und sah bekräftigt, wovon man bis dahin stets fest überzeugt war; dass nur Anstrengung und Leistung soliden und legitimen Ertrag bringen können. Die Mitte zog sich in den Jahren darauf zurück, igelte sich im Nahbereich von Familie und engstem Umfeld ein, machte gewissermaßen gegenüber anderen Milieus die Schotten dicht. Die Bemühungen des Alltags blieben binnenzentriert; für die Zuwendung nach außen fehlten Kraft und Energie. Und die Mitte war insbesondere zur Mitte des Jahrzehnts defensiv und pessimistisch gestimmt. Das Vertrauen in die Politik ging massiv zurück; das Misstrauen gegen Inszenierungstricks und opportunistische Scheinlösungen von Parteien und Regierungen stieg ebenso rasant an. Allerdings, so die Warnung der Forscher von Sinus-Sociovision: »Die Konzentration der Menschen auf ihren eigenen Nahbereich, die *own little world* und die Empfindsamkeiten für »pro-soziale Werte« dürfen weder mit Spießertum noch mit Egoismus verwechselt werden.« Denn:

> »Die aktuelle Orientierungssuche beschreiben wir als Basis-Dynamik seit etwa 2001 mit dem Stichwort Re-grounding. Ihr wichtigster Treiber heißt Komplexitätsreduktion. Wie insbesondere die systemisch ausgerichteten Sozialwissenschaften darlegen, ziehen sich unterschiedliche Gruppen bei Überforderungen zunächst auf sich selbst zurück. Sie reduzieren also die von ihnen zu bearbeitende und zu beantwortende Komplexität des eigenen Umfelds, um dann für die verbliebenen, ihnen wirklich wichtigen Dinge verstärkt Komplexität wieder aufbauen zu können.« (Sinus Trendforschung 2008: 23)

Doch erwarten sie Resonanz und Identität nicht mehr von der Politik, sondern vom Soziallabor einer gleichsam privaten Minizivilgesellschaft ihrer selbst.

Bei den Landtagswahlen 2008 hat die CDU/CSU auch wegen dieses »Absetztrends« in Teilen des gesellschaftlichen Zentrums am stärksten von allen Parteien Abflüsse ihres früheren Elektorats in das Spektrum der Nicht-Wähler hinnehmen müssen. Das war über Jahre anders, das war zuvor lange ein Charakteristikum eher der Sozialdemokraten. Doch diese neue Entwicklung zu Lasten der Union zeichnete sich bereits bei den Bundestagswahlen 2005 ab, als die Union den Fortgang von ca. 640.000 ihrer Wähler des Jahres 2002 in die Wahlenthaltung zu verkraften hatte, die Sozialdemokraten hingegen nur etwa 370.000. Doch noch gefährlicher ist für die Union, dass die politischen Einstellungsdifferenzen zwischen ihren früheren Kernwählern und den neuen Abtrünnigen gegenwärtig größer sind als beim sozialdemokratischen Rivalen. Der in den 1980er Jahren berühmt gewordene weite Spagat, den die SPD angesichts großer sozialkultureller Heterogenitäten in ihrer Anhängerschaft zu leisten hatte, wird mehr und mehr zur komplizierten Turnübung der CDU/CSU. Die verunsicherten, folglich von Fall zu Fall wahlabstinenten Wahlbürger mit prinzipieller Präferenz für die CDU fürchten weit mehr als die bürgerlichen Kernaktivitas aus der Christdemokratie jedwede gesellschaftlichen Veränderungen; sie sind geplagt von Sorgen um die Finanzen und die eigene materielle Zukunft. Sie bangen um die Rente, fühlen sich von der politischen Klasse chronisch allein gelassen, haben erhebliche Zweifel an der Substanz der Demokratie in Deutschland. Die Verunsicherten aus dem Lager der CDU stehen in vielen Fällen – nicht zuletzt in ihren hohen Erwartungen an das Schutzversprechen des Staats – den Sympathisanten der »Linken« mental näher als den wirtschaftsbürgerlichen Formationen der Christlichen Union.

Kurzum: Es wird schwierig für die Union. Ihre traditionsverwurzelte Kernwählerschaft aus der Generation der 1920er und 1930er Geburtsjahrgänge wird bald nicht mehr mit von der Partie sein. Die neuen dominanten Kohorten der 1950er und 1960er Jahrgänge, die schon die Hälfte der Wählerschaft ausmachen, besitzen mehrheitlich konstant messbare rot-rot-grüne Basispräferenzen. Ausgerechnet in den berufsaktiven Jahrgängen verfügt die Union über den geringsten Rückhalt; eindeutigen Zuspruch erfährt sie nur noch bei den Kohorten, die aus dem Erwerbsleben ausgeschieden sind. Das bestätigte sich 2008 erneut in Hessen, Niedersachsen, in Hamburg, dann auch in Bayern, wo die CDU/CSU mit Ausnahme der über 60-Jährigen überall auch teils kräftige Einbußen zu verzeichnen hatte, in Bayern bei den 18- bis 59-Jährigen durchweg gar über 20 Prozentpunkte. Nicht zuletzt deshalb scheint das altbürgerliche Lager aus CDU/CSU und FDP seit einiger Zeit und in mittlerer Frist – trotz einer leicht besseren Resonanz in der 1970er Geburtsgeneration – auf der nationalen Ebene strukturell mehrheitsunfähig zu sein.

Einfach also wird es nicht für die Union. Typisch war, dass die Top-Themen des Jahres 2008 nicht aus dem Erzählungsrepertoire der Christdemokraten stammten. Die Republik redete über die Verlängerung des Arbeitslosengeldes für die Älteren, wetterte über die wachsende Schere der Einkommen, talkte über das Übel maßlos überhöhter Managergehälter, klagte über Kinderarmut, prangerte den Casinokapitalismus an. Eine christdemokratische, bürgerliche Agenda birgt sich darin nicht (vgl. Ehrlich 2008).

Und es irritiert schon, wie wenig die Kanzlerin – die noch vor drei Jahren den Anspruch durch das Land zog, künftig Werte und Einstellungen prägen zu wollen – eine eigene Themenleine aufzuspannen in der Lage ist. Sie genießt ihre Rolle an der Macht (Kurbjuweit 2006: 34). Dafür schmiegt sie sich den jeweiligen Beweglichkeiten der Zeit an. Doch selbst bewegt man damit noch gar nichts.

Zur Zeit jedenfalls kann man in der europäischen Christdemokratie eine markante Rückwendung zur unlängst als überholt verspotteten Sozialstaatlichkeit erkennen. An die rauschhafte Party entgrenzter Märkte – wie sie die CDU 2003 in Leipzig auf ihrem Bundesparteitag gefeiert hatte – will derzeit kaum jemand in den »C«-Parteien noch erinnert werden. Die konservativen oder christdemokratischen Mitte-Rechtsparteien zwischen Stockholm und London haben stattdessen die soziale Empathie, die Sorgen der Arbeitnehmerschaft, die Bedeutung regelnder Staatlichkeit auch für Ökonomie und Gesellschaft zurückentdeckt. Mokanzen über »Gutmenschen« und »Sozialkitsch« leistet sich dort niemand mehr. Meinungsführend vorangegangen war dabei der Zirkel um den englischen Chef der Konservativen, David Cameron, der – mit dem Motto »freiheitlicher Paternalismus« – dezidiert dafür eintrat,

> »dass ein aktives Bekenntnis zum Sozialstaat, die Akzeptanz einer stärkeren Rolle des Staates in der Wirtschafts- und Sozialpolitik, eine Politik für die Schwachen und Unterprivilegierten, einen selbstbewussten Umgang mit der Zuwanderung aus anderen Erdteilen und vielleicht auch größere Liberalität in Fragen des Zusammenlebens der Menschen (›Homo-Ehe‹) für eine moderne Gesellschaft genauso wichtig seien wie traditionelle moralische Werte, stabile Finanzen, eine starke Armee und Maßnahmen zur Verbesserung der inneren Sicherheit« (Perger 2008).

Damit versucht die Christdemokratie ein Terrain zu erobern, das sie in Ländern wie Deutschland vor Jahrzehnten selbst erschlossen, dann aber in den 1980er und 1990er Jahren Zug um Zug freigegeben hatte. In dieser Zeit haben sich dann andere politische Kräfte auf dem Gelände mit schützendem staatlichen Schirm breitgemacht. Schon deshalb also steht die Renaissance der CDU als große Sammelpartei des neuvitalisierten Rheinischen Kapitalismus gewiss nicht an.

Schließlich hat selbst die bayrische CSU, die stets eine hohe Sensibilität auch für soziale Fragen behalten hatte, den Charakter als absolute Volkspartei breitester Schichten zuletzt eingebüßt. Das kam nicht so überraschend, wie es oft behauptet wird. Denn schon bei den Bundestagswahlen 1998 landet die CSU bei 47,7 Prozent und fiel damit erstmals seit den frühen 1950er Jahren bei einer nationalen Wahl unter 50 Prozent. Das wiederholte sich bei den Bundestagswahlen 2005. Die

Erosion begann also schon in den goldenen Zeiten von Stoiber, war nicht erst Produkt des traurigen Duos Beckstein/Huber.

Die Ursachen für den Abfall sind bereits oft genug herausgeschält worden. Auf die einfache, doch gewiss richtige Formel heruntergebrochen: Die von der CSU über Jahrzehnte massiv betriebene Modernisierung des Landes hat zu guter Letzt ihre eigenen Mütter und Väter vertilgt. Soziologen hatten das bereits vor 40 Jahren prognostiziert, sich dabei aber im Tempo erheblich verschätzt. Doch ohne Auswirkungen konnten die Säkularisierung, die Bildungserfolge auch auf dem Land, der Zulauf von Ost- und Norddeutschen in die prosperierenden Regionen Bayerns auf die Beständigkeit der CSU nicht bleiben. Modernisierung geht stets einher mit Optionsvermehrung. Und das hat politische Folgen.

So also wurde aus einem Dreiparteienparlament in Bayern eben ein Fünfparteienparlament. Und man konnte sofort den erwartbaren Kommentar lesen, dass die Bürger volatiler werden, unberechenbarer, leichthändig nun jenseits klassischer Lager promenieren. Doch ließ sich der Paukenschlag von Bayern mit mehr Recht auch anders interpretieren. Noch sind die Lager erstaunlich intakt. Nur *innerhalb* der Lager werden die Wähler selbstbewusster, kritischer, eigenwilliger. Sie haben sich an Optionen in allen Teilen ihres Lebens gewöhnt und schätzen daher kein politisches Monopol innerhalb ihres Spektrums von Einstellungen und Überzeugungen, zumal dann, wenn der Monopolist selbst nicht allzu treu ist. Auffällig war, dass 2008 die klassischen Kerngruppen des Bürgertums die größte Distanz zur CSU äußerten: die freien Berufe, das gewerbliche Bürgertum und Wähler mit Abitur wie Hochschulabschluss. Hier stürzte die CSU bei Befragungen während der Sommermonate gar unter 40 Prozent ab. Und unter 40 Prozent stand die CSU im Spätsommer 2008 auch bei den 45- bis 59-Jährigen, also Menschen in der erwerbstätigen Mitte des Lebens.

Doch das unzufriedene bürgerliche Bayern wandte sich ja nicht – wie die Volatilitätsthese andeutet – einem ganz anderen Lager zu, ging eben nicht zu den unglücklichen Sozialdemokraten oder gar der Linkspartei. Das Ventil für die frustrierten Bürger waren die FDP- und eben die Freien Wähler. Das ist gewiss das nächste alarmierende Zeichen für die etablierten christdemokratischen Parteien. Das Bürgertum lässt sich wie in all den Jahrzehnten vor Adenauer offenkundig nicht mehr problemlos integrieren. Das Bürgertum liebäugelt wieder, wie bereits in Weimarer Zeiten, mit dem Auftritt der Nicht- oder Anti-Parteien, gleichsam mit dem nahezu Unpolitischen, mit der Pose gestandenen Fachmännertums anstelle des politischen Funktionärswesens. Solche Formationen, die den Begriff der Partei im Titel streng meiden, sind seit Jahren schon der Hit in den europäischen Demokratien. Sie vor allem haben zur Spreizung der Parteiensysteme beigetragen. Auch in Deutschland haben Freie Wählergruppen seit 1994 bereits an 13 Landtagswahlen teilgenommen, vergebens überall – bis zum bayrischen Wahlsonntag im September 2008.

Insofern spielt sich in diesem Spektrum der Gesellschaft und der Politik etwas Ähnliches ab wie 2004/05 auf der linken Seite. Es entstehen neue Parteien aus dem Fleisch der langjährigen politischen Monopolisten. Die Wählervereinigung in Bayern ist ganz wie die CSU ländlich geprägt, männerdominant, für Glaube und Familie. Und sie wollen Horst Köhler 2009 zum Bundespräsidenten mitwählen. Bisher sind sie überwiegend lokale politische Heroen. Hier, im überschaubaren Raum oft eher kleinerer Städte, konnte sich die proklamierte Bürgernähe und Verwurzelung bewähren. Viel davon geht überlokal – ob man nun will oder nicht – fast unweigerlich verloren.

Und darauf werden CDU und CSU natürlich hoffen. Sie werden auf ihren riesigen Erfahrungsvorsprung, ihre politische Routine und Organisationsmacht setzen, womit die Amateure aus den neuen Wählervereinigungen schon matt zu setzen sind. Gleichwohl: Die CSU muss nun, was über Jahrzehnte nicht einmal denkbar erschien, die Macht mit einem Koalitionspartner teilen. Dann aber kann es damit vorbei sein, was ein halbes Jahrhundert als eherne kulturelle Regel galt, dass Bayern und die CSU symbiotisch unzertrennlich verwoben sind. Man hat in den letzten Jahren in Nordrhein-Westfalen beobachten können, wohin dergleichen führen mag. Fast zwei Jahrzehnte lang hatte man die SPD und das Land zwischen Rhein und Weser als Identität konstruiert (»Wir in NRW« – hieß die Parole), dann mussten die Sozialdemokraten Mitte der 1990er Jahre, nach drei Legislaturperioden der absoluten Mehrheit, die Grünen mit ins Kabinett nehmen. Und fortan bröckelte die Übereinstimmung von Landesmentalität und hegemonialer Partei. Die Partei brach erst 1999 in den Kommunen ein, dann 2005 bei den Landtagswahlen. Am Ende stand die Opposition und schlimmer noch: eine anhaltend tiefe Depression und fortwährende Ratlosigkeit.

So schlimm muss es für die CSU, die in ihrem Land stärkere Grundlagen besitzt, nicht kommen. Dennoch hat die Union zuletzt lernen müssen, dass sie sich gegenüber dem Virus der sozialdemokratischen Erosion nicht hat immunisieren können. Wackelt die eine Volkspartei, gerät auch die andere ins Trudeln. Und wir haben es mit mehr als nur mit einem regionalen Ereignis zu tun. Es handelt sich nicht allein um ein Problem der CSU. Bei Bundestagswahlen schafft die CDU längst keine 30 Prozent mehr. Allein die gewaltigen Siege der CSU haben es noch ermöglicht, dass die Union insgesamt zuletzt über 35 Prozent der Stimmen erreichen konnte. Ist es aber mit diesen Opulenzen für die CSU in Bayern vorbei, dann wird die CDU/CSU als Ganzes in der Bundespolitik bald die 30-Prozent-Grenze im Visier haben. Schon jetzt ist mindestens nicht auszuschließen, dass wegen der erstarkten »Linken« in Bundesländern wie Thüringen, dem Saarland, vielleicht auch in Brandenburg die Regierungsführung bzw. -beteiligung der CDU 2009 ausläuft.

III. Die SPD. Über Aufsteiger und Zurückgelassene

Es sind die Primärerfahrungen, die Erscheinungsbild und Verhalten einer Partei auf lange Zeit prägen. Intensität und Dauer des Basiskonflikts entscheiden über ihre Stabilität und Verankerung, über ihre Kultur und Selbstsicht. Eine Partei, die sich in langen, zähen Kämpfen gegen staatliche Verbote und gesellschaftliche Ausgrenzung behaupten musste, verfügt über tradierbare Legenden und Mythen, über Helden und Märtyrer, Missionen und Sendungsbewusstsein. In Krisenzeiten geht sie nicht so schnell in die Knie wie andere politische Kräfte. Jede neue Bedrohung von außen reaktiviert die Basiserfahrungen und den Gründermythos, schafft wieder Geschlossenheit. Solch eine Partei hat aber nicht nur ungeheure Ressourcen, sondern natürlich auch viele Neurosen: Sie igelt sich ein, ist voller Misstrauen gegenüber dem Rest der Welt, hält starrsinnig an alten Doktrinen fest und fürchtet sich vor Offenheit und Neuerungen.

Organisation war ihr Leben

So war lange die SPD. Und Überbleibsel von alldem sind selbst noch in der Truppe von Franz Müntefering zu erkennen. Die folgenreiche Sozialisation der deutschen Sozialdemokratie war das vom liberalen Bürgertum mehrheitlich mitgetragene Bismarck'sche Sozialistengesetz von 1878 bis 1890; Jahre, in denen die Führer und Funktionäre der Partei verfolgt, inhaftiert und außer Landes gejagt wurden. Die Partei war verboten, die sozialdemokratische Presse durfte nicht erscheinen.

Diese Erfahrung führte zu ausgeprägten antibürgerlichen Ressentiments, die selbst heute noch nicht vollständig aus der Sozialdemokratie verschwunden sind. Bei sozialdemokratischen Funktionären verfestigte sich das bipolare Weltbild: hier proletarisch, dort bürgerlich; hier die Friedensfreunde, dort die Kriegstreiber; hier die Kämpfer für soziale Gerechtigkeit, dort die Nutznießer der sozialen Kälte. Kurz: hier die Guten, dort die Bösen (vgl. Lehnert/Megerle 1990).

Lange erhalten blieb auch der Organisationspatriotismus. Als die Sozialdemokratische Partei verboten war, gründete man gewissermaßen ersatzweise zahlreiche Freizeit-, Kultur- und Sportvereine. Es entstand das sozialdemokratische Milieu, die Solidargemeinschaft der Arbeiterchöre, Samariterbünde, Naturfreunde, proletarischen Turner, Angler und Lebensreformer. Diese Organisationen bildeten für Jahrzehnte die Trutzburg der zunächst verfolgten und entrechteten, später dann politisch diskriminierten und marginalisierten Sozialdemokraten (vgl. Walter 1990, Walter/Denecke/Regin 1991, Klenke/Lilje/Walter 1992, Heimann/Walter 1993).

Auch mit dem Untergang des wilhelminischen Obrigkeitsstaates 1918 hörte das nicht auf. Nur in den ersten 15 Monaten der ersten deutschen Republik schien es so, als könnte eine offene sozialdemokratische Volkspartei an die Stelle des geschlossenen sozialistischen Klassenmilieus treten. Doch nach herben politischen Rückschlägen und den schweren gesellschaftlichen Niederlagen der Arbeiterpartei in der Inflationskrise der frühen 1920er Jahre zog sich die sozialdemokratische Anhängerschaft verbittert und erschöpft in die sichere Wagenburg ihres Organisationswesens zurück. Die Distanz zu Staat und Bourgeoisie blieb auch in der Republik erhalten, ja der Ausbau der sozialistischen Eigenwelt wurde in den späten Zwanzigern und frühen Dreißigern sogar verstärkt vorangetrieben. Die Sozialdemokraten pflegten und schützten ihren eigenen Bereich. Sie blieben unter sich, sangen ihre radikalen Lieder, erinnerten sich an die heroischen Kämpfer der Vergangenheit, hofften auf eine bessere Zukunft und beschworen das sozialistische Endziel (vgl. Lösche/Walter 1989). So sicherten sie Bestand, Identität und Moral ihrer Truppen, was nicht wenig war in den Verwerfungen und Auflösungsprozessen der Weimarer Republik. Doch durch den Rückzug auf sich selbst verloren sie große Teile der Gesellschaft aus dem Blickfeld, und ihr Einfluss auf die Politik schwand zusehends.

Das war lange das Dilemma der deutschen Sozialdemokratie. Ihr Traditionalismus, ihre Proletariertümelei, ihr Organisationsstolz, ihre subkulturelle Eigenwelt – all das gab der Partei Halt und Selbstbewusstsein, aber es machte sie auch schwerfällig, doktrinär, sozialautistisch und sozialkonservativ. Die SPD war dadurch viele Jahrzehnte relativ krisenresistent, aber zur Bewältigung der Krisen des Landes trug sie in der Regel nicht bei.

Allerdings hatte sie es in den Jahren der Weimarer Republik strukturell schwer genug. Die Verhältnisse waren nicht so, dass eine Öffnung hin zur Gesamtgesellschaft, dass der Wandel zur modernen Volkspartei hätte gelingen können. Dafür waren auch die anderen Milieus noch zu geschlossen, ganz abgesehen davon, dass das deutsche Bürgertum nach wie vor entschieden antisozialistisch eingestellt war. Allein bei den Wahlen zur deutschen Nationalversammlung im Jahr 1919 schien es so, als sei der Sozialdemokratie der Sprung zur Volkspartei gelungen. Sie hatte nun erstmals beträchtliche Stimmenanteile auch bei Landarbeitern, Angestellten und Beamten zu verzeichnen (vgl. Sühl 1988). Lange aber hielt die sozialdemokratische Neuwählerkonstellation nicht; sie brach in ganz unterschiedliche Richtungen auseinander. Das Gros der Landarbeiter und kleinstädtischen Handwerker marschierte zu den Deutschnationalen, das radikalisierte großstädtische Proletariat zog zur linkssozialistischen USPD. Erstmals geriet die Sozialdemokratie, wenn auch nur für kurze Zeit, als Volkspartei in die Zangenbewegung heterogener Anhängerschaften (vgl. Grebing 2007).

Anfang der 1930er Jahre sollte sich das wiederholen: Ein Teil der Wähler lief zur KPD über, ein anderer, keineswegs unerheblicher, versuchte es mit der NSDAP. Es gab keine Zauberformel, mit der die verschiedenen Schichten der deutschen Arbeiterschaft hätten integriert werden können. Die einen waren ländlich national, die anderen urban, antiklerikal, internationalistisch, die nächsten katholisch und kirchennah. Angestellte und Beamte hatten noch ein ganz anderes Einstellungsprofil, von Bildungsbürgern und selbstständigen Mittelständlern ganz zu schweigen (vgl. Matthias/Morsey 1960, Winkler 1987). Es hätte die Sozialdemokratie zerrissen, wäre sie in den Krisenjahren der Weimarer Republik den Weg zur Volkspartei zu weit gegangen. Neue Anhänger waren schwer zu gewinnen und noch schwerer zu halten. Eine Offenheit nach allen Seiten hätte die alten Kernschichten verunsichert und letztlich wahrscheinlich sogar abgestoßen. Dann hätte den Sozialdemokraten das Schicksal der Liberalen gedroht, der Absturz in ungeahnte Tiefen.

Es hatte also seinen Grund, dass die Sozialdemokraten stärker auf die angestammte Anhängerschaft als auf volksparteiliche Modernisierung setzten. Historisch war die sozialdemokratische Sonder- und Eigenkultur dadurch alles andere als etatistisch. Für das sozialdemokratische Organisationsleben und die sozialdemokratischen Alltagsträume hat der Staat in den ersten 100 Jahren der SPD-Geschichte keine große Rolle gespielt. Vielmehr kann man das sozialdemokratische Milieu als zivilgesellschaftlichen Experimentierort ansehen, in der Arbeitersportvereine, Samariter- und Wohlfahrtsverbände, Kulturorganisationen die Interessen und Anliegen der Arbeiterschaft selber regelten. Der Sozialstaat war zumindest über lange Zeit nicht der Fixpunkt der Sozialdemokraten. Er löste gewissermaßen erst in den 1960er Jahren die sozialdemokratische Zivilgesellschaft und sozialdemokratische Selbsthilfebewegung ab (vgl. Ritter 1980, Klotzbach 1982). Doch darf man der autonomen, zweifelsohne imposanten sozialdemokratischen Kultur nicht zu sentimental hinterherweinen. Sie war wirklich Nische, eine abgesonderte Eigenwelt am Rande der Gesellschaft. Im Zentrum der Politik, im Herzen der Macht standen andere soziale und politische Kräfte. Das machte die Sozialdemokraten über etliche Jahrzehnte immer zu Objekten, mitunter geradezu zu Opfern politischer Entscheidungen ihrer Gegner. Die Sozialdemokraten konnten zwar in ihrem Refugium überleben. Sie waren resistent gegen die Pathologien der Krisen und extremistischen Stimmungen im 20. Jahrhundert. Aber Sozialdemokraten hatten lange nicht die Instrumente, hatten auch nicht die politische Macht, um Krisen zu verhindern oder auf Krisen einzuwirken. Die Sozialdemokratie war zu wenig handelndes Subjekt in der deutschen Politik und Gesellschaft (vgl. Groh 1973). Eigentlich ist es fast grotesk, dass sie lange das Stigma der etatistischen Traditionstruppe trug. Es war gerade der Mangel an etatistischer Kraft und Beteiligung, das Defizit an Zielklarheit für den öffentlich-politischen Raum, was die sozialdemokratische Geschichte charakterisiert und Ursache für sozialdemokratische Niederlagen und Tragödien im 19. und 20. Jahrhundert war.

Wirklich im Klaren jedenfalls waren sich die Sozialdemokraten über das finale Ziel ihres politischen Tuns wahrscheinlich nie. Es war zwar im sozialdemokratischen Diskurs stets und dauernd von den großen, eigenen Zielen die Rede, aber man hat das nie näher ausgeführt oder gar präzise bestimmt. Es gab keine Bilder, zumindest keine Modelle, keine Baupläne oder Blaupausen von der Zukunftsgesellschaft. Das war in Teilen gewiss das lange Erbe des Marxismus, der ja keine utopische Schwärmerei sein wollte, sondern strenge Wissenschaft. Und das Zauberwort, die Schlüsselkategorie dieser vermeintlichen Wissenschaft lautete »Entwicklung«. Kein anderer Begriff hat mindestens vier oder fünf Generationen der sozialdemokratischen Geschichte so sehr geprägt wie eben dieser: »Entwicklung«. Natürlich, auch der feste Glaube an den positiven Lauf der »Entwicklung« hat dazu beigetragen, dass Sozialdemokraten Krisen und Verfolgungen aushielten.

Denn wie übel die Zeiten auch waren, die vorgebliche Wissenschaft des Marxismus insinuierte den Sozialdemokraten die Gewissheit – in der anderen großen Parteifamilie hätte man gesagt: das Gottvertrauen –, dass die »objektive Entwicklung« der Gesellschaft trotz alledem auf den Sozialismus zulief. Und weil dieser Prozess sich so wunderschön eigengesetzlich vollzog, brauchten sich Sozialdemokraten nie Gedanken darüber machen, wie der »sozialdemokratische Volksstaat« wohl funktionieren könne, wie es mit der Sozialisierung, der Planung, der Produzentendemokratie und dergleichen mehr in der neuen Gesellschaft exakt auszusehen habe. Sozialdemokraten haben sich, mit Ausnahme von Randfiguren, darüber nie den Kopf zerbrochen. Ihr Entwicklungsdeterminismus verhinderte das (vgl. Fischer 1987, Hölscher 1989).

Nun ist der marxistisch inspirierte Endzielfatalismus gewiss aus der Sozialdemokratie verschwunden. Aber die Entwicklungsfixierung hat sichtbar Spuren hinterlassen. Im »Determinismus des Tatsächlichen«, der in den Argumentationsfiguren von Clement und Schröder 2003/2004 nahezu dominant auftauchte, erkannte man die nachwirkenden Einflüsse. In der Einrede von den »Alternativlosigkeiten« in der Politik kehrte der strategielose sozialdemokratische Entwicklungsobjektivismus im neuen Gewande zurück. Man hat den Sozialdemokraten oft vorgeworfen, sie ließen sich von utopischen Vorstellungen treiben. Das genaue Gegenteil ist richtig. Die Sozialdemokraten waren ganz unfähig zu utopischen Phantasien. Ihnen fehlte es an Imagination, an kreativem Sinn und Vorstellungskraft für das utopische Bild. Die Bilderlosigkeit, ja das Farblose ist das Typische für die sozialdemokratische Geschichte, in der meist eine eher eintönige Schwarz-Weiß-Dramaturgie herrschte. Die sozialdemokratische Arbeiterbewegung war viel zu sehr eine Bewegung von Handwerkern, um zur Utopie fähig zu sein. Die sozialdemokratischen Handwerker waren solide Menschen, berufsstolz, auf kleinbürgerliche Ehrbarkeit und allmählichen Aufstieg aus. Die sozialdemokratische Handwerkerbewegung hatte weder Sinn für Utopien noch die Verwegenheit für riskante Aktionen. Die Sozialdemokraten waren ehrliche, anständige, verlässliche Menschen. Aber die Energie zum plötzlichen Angriff, die Phantasie und den architektonischen Plan für eine neue Gesellschaft besaßen sie nicht. Sozialdemokraten in Deutschland waren Helden des ehrenvollen Rückzugs. Wie gesagt: das hat sie oft überleben lassen. Aber zu großen Subjekten und Lenkern der Geschichte hat es sie nicht gemacht.

Sozialdemokraten waren keine kreativen Künstler des utopischen Gemäldes, sie waren auch nicht die kühnen Barrikadenkämpfer für einen radikalen Reformismus. Sozialdemokraten waren die nüchternen Experten der Organisation. In 140 Jahren sozialdemokratischer Geschichte bedeutete sozialdemokratische Politik vor allem sozialdemokratische Organisation (vgl. Michels 1957). Hier war die Assoziation der Handwerker und Facharbeiter von Beginn an in ihrem Element. In den Aufbau der ersten sozialdemokratischen Parteiorganisationen gingen noch Elemente der alten Zünfte ein, auch in ihren Kassenbestand, ihre Fahnen und Symbole, ihre Disziplinvorstellungen. Vieles davon wirkte noch 100 weitere Jahre nach (vgl. Lehnert 1983, Welskopp 2000).

Und in diesen 100 Jahren reproduzierte sich immer wieder die Bedeutungserfahrung der Organisation. In den Jahrzehnten der Hochindustrialisierung war die Mobilität unter den Arbeiterfamilien so groß, dass die Sozialdemokratie sich nur deshalb fortsetzen, weiterleben konnte, weil sie Organisation war – und weil hauptamtliche Funktionäre vor Ort im Wechsel der Mitglieder für Konstanz und Kontinuität sorgten. Wären die Sozialdemokraten damals lediglich soziale Bewegung gewesen und nicht rasch schon Organisation geworden, dann hätten sie das 19. Jahrhundert nicht überlebt. Und in den Jahren der großen politischen Dekomposition, in der Endphase der Weimarer Republik, als sich die bürgerliche Mitte nahezu vollständig auflöste, hatte die SPD eben dort stabilen Bestand, wo die sozialdemokratische Arbeiterbewegung in ihrer ganzen lebensweltlichen Breite organisatorisch verfestigt und verdichtet, also mit Vereinen, Verbänden, Klubs und Ortsvereinen in den Wohnquartieren ihrer Anhänger verwurzelt war.

Wie wichtig Organisation und Milieu für die Bestandsfähigkeit der Sozialdemokratie waren, zeigte sich vor allem in den Mutterländern der deutschen Arbeiterbewegung, in Sachsen und Thüringen. In den Industrierevieren dieser beiden Länder feierten die deutschen Sozialdemokraten vor 1914 ihre größten Erfolge; sie holten hier Wähleranteile zwischen 50 und 80 Prozent. Jahrzehntelang erinnerte man sich an Sachsen und Thüringen denn auch als Hochburgen der Sozialdemokratie. Für die SPD war es eine niederschmetternde Erfahrung, dass nichts davon übrig geblieben war, als es dort 1990 nach über einem halben Jahrhundert wieder ans freie Wählen ging.

Allerdings hatte man vergessen, dass schon in Weimarer Zeiten in großen Teilen Sachsens und Thüringens die sozialdemokratische Herrlichkeit dahin war. Im Laufe der Zwanziger, besonders aber in den frühen Dreißigern erlitt die SPD katastrophale Einbrüche im Vogtland, im Erzgebirge und in den Arbeitergemeinden des Thüringer Waldes. Die bis 1920 so imposanten roten Zitadellen der deutschen Arbeiterbewegung hatten sich bis 1932 braun eingefärbt. In Sachsen und Thüringen hatte die NSDAP nicht nur das bürgerliche Lager aufgemischt, hier war sie zudem in weiten Teilen zu einer Sammelpartei für enttäuschte und daher abtrünnige Sozialisten geworden. Es gab aber auch sächsisch-thüringische Industriezonen und Arbeiterquartiere, die nicht einbrachen. Im Elbtal um Dresden, im Raum Leipzig und in Ostthüringen hielten die Sozialisten ihre Anhänger selbst in schlimmsten Inflations- und Depressionszeiten beieinander. Die Arbeiterbewegung war hier krisenresistent, die NSDAP allein Lagerpartei des nationalen Bürgertums (vgl. Walter/Dürr/Schmidtke 1993).

Doch warum, fragt man sich, zerfiel die Sozialdemokratie in dem einen Gebiet, und hielt sich im anderen? Entscheidend war die Organisation. Das war und blieb die Grunderfahrung der deutschen Sozialdemokraten. Die SPD ging dort nicht unter, wo sich seit der Jahrhundertwende um die Partei herum ein eng geknüpftes Netz von Freizeitvereinen gelegt hatte. Diese Vereine schufen und trugen das Milieu der Sozialdemokratie. Mit ihnen grub sie sich in die Lebenswelt der vielen eher unpolitischen Arbeiterfamilien ein, die von Marx nichts kannten, vom Erfurter Programm nichts wussten und sich für Flügelkämpfe in der SPD nicht interessierten. Die von sozialdemokratischen Aktivisten geleiteten Arbeiterfußballvereine, Arbeiterchöre, Kinderfreunde und roten Turnerschaften aber waren ihnen wichtig. Der Verein war die Klammer zur Sozialdemokratischen Partei, das Bindeglied zwischen Parteiavantgarde und politisch eher nachlässiger Wählerschaft. Er konstituierte die sozialdemokratische Heimat, welche die Wähler gerade dann nicht verließen, als die wirtschaftlichen Krisen drückten und viele ihren Arbeitsplatz verloren. Denn allein das Vereinswesen bot ihnen in solch schweren Zeiten Halt, Identität, Freundschaften, Aufgaben und auch wohl feindliche Unterstützungsleistungen. Eine Abkehr von der Sozialdemokratie hätte Vereinsamung bedeutet. Dort, wo die Sozialdemokraten organisationsstark waren, wo sie also kollektiv bindende Behausungen geschaffen hatten, riskierte das in den frühen 1930er Jahren kaum jemand.

Nun war es der SPD nicht gelungen, in sämtlichen Industriegebieten und proletarischen Wohnquartieren ein derart dichtes Organisationsnetz zu knüpfen. Und eben das wurde zum Problem, zu ihrem Verhängnis in den letzten Jahren der Weimarer Republik. Zwar war die SPD beispielsweise im Raum Chemnitz-Zwickau oder auf den rauen Höhen des Thüringer Waldes während des Kaiserreiches als fundamentaloppositionelle Bewegung gegen Staat und Bourgeoisie zur überragenden Mehrheitspartei geworden, aber eine Organisations- und Milieupartei war sie nicht. Trotz aller überwältigenden Wahlerfolge hatten sich die Sozialdemokraten hier nie tief in das Arbeits- und Freizeitleben der Menschen hineingefräst, es war hier nie ein kraftvolles Milieu entstanden mit Sinn vermittelnden Angeboten, mit Abwechslung schaffenden Gefälligkeiten, mit Funktionen und Verantwortlichkeiten, die das Leben der Arbeiter und auch den Alltag von Arbeitslosen hätten füllen und strukturieren können. Es gab hier kein eigenes sozialdemokratisches Ordnungs- und Deutungssystem, keine sozialdemokratische Heimat, deren Verlust zu fürchten hatte, wer sich von der Partei abwandte (vgl. Rudolph 1995).

Wahrscheinlich lässt sich die schwache Ausprägung des Milieus auf die spezifischen Arbeitsstrukturen zurückführen. Industriearbeit bedeutete im Erzgebirge, im Vogtland und im Thüringer Wald zuallererst Heimarbeit. Der Ausgangspunkt des sozialistischen Organisationswesens und der Milieubildung war aber die Fabrik, das Industrieunternehmen. In der tariflich geregelten Freizeit reproduzierten sich die kollektiven Strukturen der Fabrikarbeiter in den Sport-, Kultur- und Geselligkeitsverbänden des Sozialismus. Die Heimarbeiter dagegen waren isoliert und hatten keine festen Arbeits- und Freizeiten. Die Saison diktierte Rhythmus und Leben der Heimarbeiterfamilien. Nicht selten arbeiteten sie gerade im Sommer bis tief in die Nacht. Andernorts lagen in den Monaten Juli bis September die Höhepunkte sozialdemokratischer Vereinsfeiern, Sportveranstaltungen und Wanderungen. Anders als die Fabrikarbeiter waren die Heimarbeiter also ganz auf sich gestellt und nicht Teil eines gemeinschaftlichen Zusammenhangs, eines aktiven Vereinslebens. Die Heimarbeiter lebten für sich in ihrer Wohnung, die Fabrikarbeiter verkehrten mit anderen im Volkshaus (vgl. von Saldern 1999).

Es war die Individualisierung der Arbeit, die die sozialdemokratische Milieubindung in manchen Gebieten verhinderte. In diesen Gebieten, in denen viele sozialdemokratische Wähler keine besondere Loyalität gegenüber der Partei verspürten, brach die SPD in den Krisenjahren der Weimarer Republik dramatisch ein. Sie wurden zur leichten Beute des radikalfaschistischen Populismus, während in den kollektiv organisierten Milieuheimaten die nationalsozialistische Agitation einfach verpuffte. Wo die Milieus infrastrukturell und kulturell intakt waren, da hatte die NSDAP keine Chancen. Hätten sich in der Weimarer Republik sozialdemokratische – oder auch katholische – Milieus flächendeckend ausgebreitet, dann wären die Nationalsozialisten zu Beginn der 1930er Jahre lediglich eine politische Sekte geblieben (vgl. Walter/Dürr/Schmidtke 1993). So aber profitierte die NSDAP von den leeren Räumen des bürgerlich-liberalen Individualismus und von bestimmten entkollektivierten Arbeitsstrukturen. Sie sammelte, so könnte man sagen, die Entheimateten der Weimarer Republik. Die vorangegangene Destrukturierung in der Gesellschaft war die Quelle der nationalsozialistischen Diktatur.

Neue Generation, neue Erfahrungen

Die Entstrukturierung des Sozialdemokratischen ging während der zwölf nationalsozialistischen Jahre natürlich noch ein Stück weiter. In den nationalsozialistischen Jahren entfernte sich besonders die Masse der jungen Arbeiter von den Mentalitäten, Strukturen und Erfahrungen der alten Arbeiterbewegung. Das war nicht nur Folge des Verbots von SPD, KPD und Gewerkschaften. Und es war keineswegs nur Auswirkung nationalsozialistischen Terrors. Für junge Arbeiter bot der Nationalsozialismus einige Chancen, die zuvor für sie nicht existierten. Im Dritten Reich wurden die Lohnformen stärker individualisiert, stärker auch nach Leistungen gestaffelt. Für Zusatzarbeiten, Sonderschichten und Überstunden, für besondere Qualifikationen gab es Prämien, Gratifikationen, Gewinnbeteiligungen, individuelle Leistungslöhne. Wer fleißig war, der konnte gut verdienen im Nationalsozialismus. Das war der Eindruck, der sich bei jungen Arbeitern verfestigte. Bei ihnen kam die Parole »Freie Bahn den Tüchtigen« gut an, die Mitte der 1930er Jahre in Nazi-Deutschland die Runde machte. Nie hatten die Arbeiter bis dahin in Deutschland so gut verdient wie in den letzten Vorkriegsmonaten 1939; selten hatten die Jungen in der Arbeiterklasse so sehr die Hoffnung, durch individuellen Einsatz voranzukommen und aufsteigen zu können. Bei ihnen verblassten die alten Solidaritäts- und Homogenisierungsnormen der klassischen Arbeiterbewegung; im Nachwuchs der Arbeiterklasse nahmen die individuellen Aufstiegsorientierungen in der zweiten Hälfte der 1930er Jahre beträchtlich zu (vgl. Hachtmann 1989, Schneider 1999).

Das war schon ein Stück Abschied von der alten SPD, von der alten Weimarer Klassenmilieugesellschaft. Da begann bereits etwas, was sich nach Unterbrechungen durch den Zweiten Weltkrieg und die Trümmergesellschaft der späten 1940er Jahre dann in den Wirtschaftswunderjahren des Konrad Adenauer und Ludwig Erhard wieder und nun sehr forciert fortsetzte. Im Grunde hatte es sogar schon früher angefangen, in den sogenannten »goldenen Jahren« der Weimarer Republik, war dann aber von der Depressionszeit nach 1929 unterbrochen worden. Jedenfalls gab es einen kulturellen Wandel, der zwischen 1924 und 1929 erkennbar wurde, dann von 1936 bis 1939 erneut mächtig auflebte und sich ab Mitte der 1950er Jahre endgültig Bahn brach: Der Wandel zur stärker individualistischen Freizeit- und

Konsumgesellschaft – und damit das Ende der kollektiven und explizit politischen Milieukulturen (vgl. Langewiesche 1982).

Rekonstruktion

Dennoch: Im Frühjahr und Sommer 1945 knüpften die Sozialdemokraten an die Strukturen der Weimarer SPD an. Die neuen Gründerfiguren waren die alten Funktionäre. Als sie sich nach 1945 auf den Parteiversammlungen wiedersahen, lagen sie sich gerührt in den Armen, entrollten die alten Banner, sangen die alten Lieder und skandierten die alten Losungen. Hier war sie wieder, die Zwiespältigkeit von Milieu, Tradition und Bindung: Das alles hatte die alten Sozialdemokraten zwar überraschend unversehrt über die harten zwölf Jahre der braunen Diktatur gebracht, aber es behinderte auch den Neuanfang, die Korrektur früherer Fehler, die fällige Öffnung zur Gesellschaft. Jene Kräfte, die die SPD nach innen integrierten, isolierten sie zugleich nach außen. Das setzte sich nach 1945 so fort, wie es 1933 aufgehört hatte (vgl. Heimann 1986).

Besonders der Parteivorsitzende Kurt Schumacher hielt die Sozialdemokraten in den Grenzen des eigenen Milieus. Wenn Schumacher auch kein Apparatschik nach Art der Weimarer Parteibürokratie war, sondern ein Tribun, so erinnerte seine Rhetorik doch an den unversöhnlichen, schrillen, verletzenden und apodiktischen Agitationsstil der 1920er Jahre. Das kam bei der Mehrheit der nach Krieg, Flucht und Vertreibung erschöpften und politisch zutiefst ernüchterten Deutschen nicht mehr an. Schumachers Rechthaberei schloss zwar rasch die Reihen der Sozialdemokraten, vergraulte aber potenzielle Sympathisanten. Er führte die SPD in allen entscheidenden Fragen in eine Sackgasse. Die Partei war Ende der 1940er, Anfang der 1950er Jahre bundespolitisch völlig an den Rand gedrängt, war ohne jeden Bündnispartner in der deutschen Innenpolitik. Das verstärkte den historisch eingeübten Reflex der Sozialdemokratie, sich in einer Welt von Feinden noch stärker in das eigene Ghetto zurückzuziehen und von dort aus die Politik der bürgerlichen Gegner kassandrahaft anzunörgeln. Die Sozialdemokraten saßen schmollend und phlegmatisch in ihrer Wagenburg und warteten auf die große Krise der Erhard'schen Marktwirtschaft. Im Übrigen pflegten sie das sozialistische Brauchtum, führten am ersten Mai ihre roten Nelken spazieren und beschworen feierlich die Solidarität. Auf junge Leute, ob aus dem Bürgertum oder aus der Arbeiterklasse, übte das in den Aufbruchsjahren der jungen Republik keinen großen Reiz aus. Die Sozialdemokratie drohte zu vergreisen, die alte Solidargemeinschaft zeigte ihre Schattenseiten, war miefig, spießig, borniert und allem Neuen gegenüber verschlossen (vgl. Miller/Potthoff 2002, Walter 2002).

Nach Schumachers Tod 1952 wurde es nicht besser. Schumacher hatte immerhin noch Feuer und Leidenschaft gehabt; sein Nachfolger indes, Erich Ollenhauer, war ganz und gar temperament- und ehrgeizlos. Ollenhauer, ein durch und durch honoriger Mann, war zeitlebens Funktionär der Arbeiterbewegung und im Grunde nie aus der Welt des sozialdemokratischen Apparats und der Parteigremien hinausgekommen (vgl. Seebacher-Brandt 1984). Unter Ollenhauer beschäftigte sich die SPD zunächst noch stärker mit sich selbst als zuvor schon. Auch die zweite schwere Bundestagswahlniederlage, 1953, konnte die Sozialdemokraten nicht veranlassen, sich von ihrem entschieden zu schmalen Traditionsfundament ein wenig zu lösen und erste Schritte in neues gesellschaftliches Gelände zu wagen. Durch die Partei ging jedenfalls ein Sturm der Entrüstung, als prominente Neumitglieder aus dem Bildungsbürgertum, wie Carlo Schmid und Heinrich Albertz, Ballast abwerfen wollten, wie sie sagten, und darunter den Abschied von den traditionellen Symbolen und Ritualen der Arbeiterbewegung verstanden. Das griff zu kalt an die Seele der Partei, das verhielt sich zu gleichgültig gegenüber den Überzeugungen langjähriger Sozialdemokraten, die in den elenden Depressionszeiten und unter der Diktatur der Nazis aus dieser überlieferten sozialistischen Kultur Kraft, Zuversicht und Widerstandswillen geschöpft hatten. Das hatten die kühlen akademischen Ballastabwerfer, denen die ganze sozialdemokratische Folklore biografisch fremd und unbehaglich war, zu wenig bedacht (vgl. Weber 1996, Appelius 1999).

Zähmung

Reform und Öffnung der Sozialdemokratie gelangen schließlich nur deshalb, weil die Modernisierer Rückhalt und Flankenschutz bei den Traditionalisten – besonders bei Erich Ollenhauer – fanden. Das alles vollzog sich zwischen 1958 und 1968, einem mentalitäts- und sozialgeschichtlich geradezu idealen Jahrzehnt für Neuerungen, da hier noch ausreichend Traditionsdepots bestanden, die den Wandel stabilisierten und absicherten. Das war ein entscheidender Unterschied zur SPD der 1990er Jahre. Die Modernisierer der Sechziger konnten noch auf den Traditionsstoff Disziplin und Loyalität auch bei ihren modernisierungsskeptischen Genossen bauen. Deshalb gelang ihre Reform. Den Modernisierern der Neunziger dagegen stand dieser Stoff kaum noch zur Verfügung; sie selbst hatten ihn zuvor höhnisch aufgebraucht und weggeworfen. Daher schlingerten sie von Krise zu Krise, von diesem Vorsitzenden zu jenem Vorsitzenden, von einem strategischen Hü zum nächsten taktischen Hott (vgl. Klotzbach 1982).

Meistens sind es Niederlagen und Krisen, die Institutionen auf Trab bringen. So war es denn auch der für die SPD verheerende Ausgang der Bundestagswahl 1957, der die introvertierte sozialdemokratische Milieupartei in Bewegung setzte: Als erste und bislang letzte Partei in der deutschen Parlamentsgeschichte hatte die Christliche Union die absolute Mehrheit der Stimmen geholt. Mittlerweile war eine Gruppe junger, energischer und zielstrebiger Reformer in der SPD nach vorn gekommen, der die Ohnmacht sozialistischer Prinzipientreue nicht mehr genügte, die entschlossen die politische Macht in Bonn ansteuerte. Herbert Wehner und Fritz Erler gehörten dazu, auch schon Helmut Schmidt und als repräsentative Figur natürlich Willy Brandt. Die Gruppe ging mit brutaler Konsequenz vor, Schritt für Schritt kam sie ihrem Ziel näher. Zuerst, 1958, entmachtete sie mit der Stuttgarter Organisationsreform den alten Parteiapparat. Dann, 1959, erfolgte in Godesberg die Revision der überkommenen programmatischen Grundsätze. Kurz danach schließlich, 1960, ersetzten die sozialdemokratischen Neuerer den bisherigen Wahlkampfführer, den notorisch erfolglosen Erich Ollenhauer, durch den jungen Regierenden Bürgermeister von Berlin, Willy Brandt (vgl. Dowe 1993, Leugers-Scherzberg 2002).

Mit der Kanzlerkandidatur Willy Brandts begann die neue SPD, begann die Entkernung und Enttraditionalisierung der Partei, der Marsch in die diffuse Mitte, der Bückling vor der Mediengesellschaft. Die Sozialdemokraten kürten Brandt nicht, weil sie sich von ihm eine leuchtende politische Vision, ein mitreißendes Demokratisierungsprojekt oder den Aufbruch zu einem neuen Reformismus erhofften. Für nichts davon stand Brandt im Jahr 1960. Seine Rhetorik war vage und nebulös, staatsmännisch und gravitätisch. Die Traditionalisten in der SPD misstrauten ihm zutiefst, hielten ihn für einen unzuverlässigen, wankelmütigen Dandy. Aber auch die Reformer selbst glaubten nicht wirklich an ihn, hielten ihn für ein Leichtgewicht. Niemand in der Partei zweifelte daran, dass die Krone eigentlich Fritz Erler gehörte, dass dieser der weitaus klügere, kompetentere und auch fleißigere Politiker war. Aber das Medienzeitalter war angebrochen. Erler machte im Fernsehen keine gute Figur. Er wirkte spröde, besserwisserisch und allzu intellektuell. Kurz, er war ebenso schwer zu popularisieren wie zuvor Erich Ollenhauer (vgl. Soell 1976).

Und deshalb fiel die Wahl auf Brandt. Er war das erste große Zugeständnis der SPD an die Mediengesellschaft. Diese Geschichte fing nicht erst mit Gerhard Schröder an. Gerade die sozialdemokratischen Aktivisten konnten bis 1968 nicht viel mit Brandt anfangen, aber er kam nun einmal gut an im Fernsehen und bei den Journalisten. Er war in diesen frühen 1960er Jahren der Liebling der Springer-Presse und wirkte zudem ein bisschen so wie der bundesdeutsche John F. Kennedy. Und vor allem: Er stand am meisten rechts von den prominenten Sozialdemokraten. Und nach rechts, weg vom linken Ghetto der Gesellschaft hin zur Mitte der Republik, wollten die neuen Strategen ihre Partei mit harter Hand manövrieren. Die SPD schluckte Brandt, weil sie an die Macht wollte. Doch lange Zeit tat sich die SPD der 1960er Jahre mit Brandt außerordentlich schwer (vgl. Schreiber 1970, Brandt 2000).

Dass aber die Sozialdemokraten in den Ortsvereinen, Unterbezirken und Bezirken zu Beginn der Sechziger den Modernisierern auf ihrem Weg folgten, dazu allerdings hat insbesondere Erich Ollenhauer beigetragen. Ohne Ollenhauers Loyalität hätten die Parteireformer ihren forschen Kurs nicht halten können, jedenfalls nicht so reibungslos. Ein gewichtiger Teil der Partei hätte sich von ihnen abgewandt. Doch Ollenhauer zähmte die Traditionalisten. Er selbst war zwar nicht in der Lage, die Erneuerungsbewegung in der SPD anzuführen, aber er stützte sie, indem er die verunsicherten, oft empörten Sozialdemokraten alten Schlages beruhigte, in einigen Fällen gar von Aufruhr abhielt (vgl. Lösche/Walter 1992).

1959/60 forderte Ollenhauer die Kanzlerkandidatur von Willy Brandt und baute dadurch die Distanz zu den vielen Sozialdemokraten ab, die sich nur schwer an den Berliner Regierenden als Spitzenmann der Partei gewöhnen konnten. Und zur Verabschiedung des »Godesberger Programms« trug Ollenhauer mehr bei als die dezidierten Parteireformer Brandt, Erler, Wehner und Schmidt. Die rein *machtpolitischen* Parteireformer hätten die für sie schwer kalkulierbare Programmdebatte am liebsten zurückgestellt oder ausfallen lassen; Ollenhauer aber hatte den *programmatischen* Revisionisten wie Heinrich Deist oder Willi Eichler den Raum verschafft, den sie brauchten, und ihren Entwurf vor der in weiten Teilen durchaus skeptischen Basis verteidigt. So half Ollenhauer, die Sozialdemokratie zu reformieren, ohne dabei die Traditionalisten zu verprellen (vgl. Klotzbach 1982). Seine Führungsposition war zwar seit 1958 durch die Organisationsreform der Modernisierer beschränkt, aber er war trotzdem nicht gekränkt oder nörgelnd von dannen gezogen. Zu Ollenhauers Traditionalismus gehörte das in der späteren SPD nur noch verschroben wirkende Ethos, dass der Einzelne hinter die kollektiven Ziele von Partei und

Arbeiterbewegung zurückzutreten habe, dass er sich diszipliniert der Parteiräson fügen müsse.

Dieses traditionelle Ethos galt in jenen frühen Sechzigern im Übrigen auch noch für die Partei, die ihren Vorsitzenden trotz der bitteren Wahlniederlagen und offensichtlichen Unzulänglichkeiten in der Öffentlichkeit nicht fallen ließ. In der vollentwickelten Mediengesellschaft und in der durchmodernisierten, nachproletarischen SPD hätte Ollenhauer keine Chance gehabt. Doch den Modernisierern der 1960er Jahre wäre es ohne Ollenhauer wohl kaum gelungen, die sozialdemokratischen Basisaktivisten mit auf ihren Weg zu nehmen. In diesem Jahrzehnt konnten sich die Neuerer noch auf alte Mentalitätsressourcen stützen, auf Loyalität, Anhänglichkeit, Treue, Disziplin. Nur deshalb vollzog sich der Wandel in der SPD der Sechziger so reibungslos. Bald darauf versiegten diese Traditionsquellen, und ebendarum sollten die Erneuerungsbemühungen der Folgezeit auch so häufig fehlschlagen.

Neubildung eines Milieus

Die Mischung von Tradition und Modernität hatte die Sozialdemokratie stets am weitesten vorangebracht. Mit dieser Kombination baute sie sich auch in den ersten Jahren der Reform ihre neue Hochburg auf: das Ruhrgebiet. Die Ruhrstädte wie insgesamt die früheren preußischen Westprovinzen, aus denen die Engländer 1946 das neue Land Nordrhein-Westfalen schnitzten, waren keineswegs Hochburgen der Sozialdemokratie (vgl. Faulenbach 1997, Hitze 2007). Der Konfessionsfaktor hatte hier lange den Klassenkonflikt überlagert und dominiert. Das industrielle Ballungszentrum zwischen Rhein, Ruhr und Emscher war für die SPD nahezu Diaspora, Ort lange vergebens unternommener Missionsversuche. Zum Ende des Kaiserreichs lag die Mitgliederdichte der SPD in Essen, Bochum und Gelsenkirchen um die Hälfte niedriger als sonst im Durchschnitt des Deutschen Reichs. Bei den Wahlen in der Weimarer Republik hatte die SPD meist das Nachsehen gegenüber der katholischen Zentrumspartei und den Kommunisten. Das Ruhrgebiet war eine Zitadelle des Katholizismus, auch rhapsodische Kampfstätte ungestümer, junger Linksradikaler. Nicht zuletzt deshalb stand der erste Nachkriegsvorsitzende der SPD, Kurt Schumacher, der Bildung des Landes Nordrhein-Westfalen denkbar misstrauisch gegenüber. Er argwöhnte, dass das neue Großland den Feinden der SPD in die Hände fallen könnte.

Abstrus war der Pessimismus Schumachers nicht. Bei den ersten

Landtagswahlen, am 20. April 1947, war die SPD der CDU deutlich unterlegen. Dabei hatten sich die Christdemokraten damals noch einer starken Zentrumspartei zu erwehren. Doch auch die Kommunisten waren noch nicht aus dem Rennen; sie erhielten immerhin 14 Prozent der abgegebenen Stimmen. Kurz: Die oft deklamierte Gleichung NRW – Ruhrgebiet – Zechen – SPD ging keineswegs auf. Die große Zeit der Zechenlandschaft war eine große Zeit der katholischen Arbeiterkultur, dann auch der CDU. Auf dem Nachkriegshöhepunkt der Kohleproduktion, als fast 400.000 Bergleute einfuhren, schaffte die CDU in Nordrhein-Westfalen 1958 bezeichnenderweise die absolute Mehrheit (vgl. Tenfelde 1997, Landeszentrale für Politische Bildung Nordrhein-Westfalen 1984).

Erst als das große Zechensterben einsetzte, begann der Aufstieg der SPD. Sie *litt* nicht an der Erosion des Bergbaus, sie *profitierte* davon. Und sie zog den Nutzen aus dem *Verfall* der klassischen, vorbundesrepublikanischen Arbeitermilieus im rheinisch-westfälischen Industrierevier. Erst zerbrach das kommunistische Milieu, da der erlebbare Sozialismus im Osten Deutschlands auch noch im Westen denkbar abschreckend wirkte. Dann, in der Krise der Montan- und Kohlenindustrie, büßte die protestantisch und wirtschaftsliberal grundierte Erhard-CDU der Früh-1960er-Jahre das Vertrauen im »Pütt« ein. Der lange fest verwurzelte Sozialkatholizismus trocknete aus. Der Zerfall der alten hegemonialen Lager und Arbeiterkulturen im Ruhrgebiet wurde zur großen Chance für die SPD. Und sie konnte die Gelegenheit gerade wegen ihrer früheren Schwächen nutzen. Denn die Ruhrgebiets-SPD hatte zuvor keine selbstbewusste, aggressive und abgrenzende Eigenkultur aufbauen können wie ihre Genossen etwa im damaligen Mitteldeutschland. Dadurch aber war die SPD nun um Dortmund und Erkenschwick weit weniger ideologisch, starr, klassenkämpferisch und in Doktrinen gefangen als andernorts. Das erleichterte katholischen Arbeitern, die enttäuscht waren von der Nach-Adenauer-CDU, den Weg zu einer SPD, die nicht bekehren, sondern betreuen wollte.

Denn das war das Elixier des sozialdemokratischen Erfolgs in diesem Industriegebiet der Auflösung, des Ab- und Umbruchs: Die Sozialdemokraten versprachen nicht die neue Gesellschaft, keine rote Zukunft; sie versprachen lediglich, sich verlässlich zu kümmern. Die SPD wurde so zu einer Art Nachfolgepartei des sozialen Katholizismus, Partei der Sorger und Samariter. Der sozialdemokratische Funktionär agierte wie ein Kaplan, war jederzeit ansprechbar, hatte ein Ohr für die Nöte, zeigte Mitgefühl – und spendete Trost. »Hömma, ich krieg dat schon hin«. Das bekamen die »kleinen Leute« im großen Ruhrgebiet wieder und wieder zu hören. Der sozialdemokratische Funktionär war einer von ihnen, Betriebsrat im gleichen Werk, Nachbar in der gleichen Siedlung, Kaninchenzüchter im gleichen Verein. Nur, er war stets ein gutes Stück aktiver, ehrgeiziger, strebsamer als der Rest, war auf dem Sprung nach oben. Aber er kümmerte sich, wie ein großer Bruder, genoss daher Vertrauen (vgl. Mittag/Tenfelde 2007).

Daran knüpfte sich sein Erfolg, und damit führte er die SPD zur Mehrheitspartei, zur Volkspartei des Ruhrgebiets. Dieses Milieu basisnaher Stellvertretung konnte so lange funktionieren, wie die Einzelteile des Systems eng verzahnt blieben, wie die noch existierenden großkollektiven Strukturen für die lebensweltliche Vergemeinschaftung des Milieus sorgten, wie Gewerkschaften und Partei sich personell und organisatorisch wechselseitig durchdrangen, wie Basis und Stellvertreter täglich in einer gemeinsamen Lebenswelt zusammentrafen. In den 1960er Jahren, jenem glücklichen Jahrzehnt traditionsgestützter Modernisierung in der Sozialdemokratie, existierten all diese Voraussetzungen noch, die Milieu und Volkspartei trefflich zusammenbrachten.

Natürlich profitierten die Sozialdemokraten auch vom generellen sozialen Strukturwandel dieser Zeit. Der alte Mittelstand, an den sie nie herangekommen waren, schrumpfte nun beträchtlich; die neuen Mittelschichten dagegen, in denen es die SPD leichter hatte, wuchsen gewaltig an. Zudem schliff sich der frühere Gegensatz von Arbeitern und Angestellten mehr und mehr ab, versicherungs- und sozialrechtlich, aber auch im Denken der Menschen. Die deutsche Gesellschaft schien auf dem Weg zur homogenen Arbeitnehmergesellschaft (vgl. Mooser 1984, Wehler 2008), und die SPD schien zur zeitgemäßen Partei dieser modernen Arbeitnehmergesellschaft zu werden. So sah es gegen Ende der Sechziger aus (vgl. Coumanns/Kremer 2001). Noch bereitete es den Sozialdemokraten keine Probleme, die verschiedenen Segmente der Arbeitnehmerschaft zusammenzuhalten. Sie benutzten das Füllhorn großzügiger materieller Wohltaten, denn es waren die schönen Jahre üppiger Wachstumsraten. Sie gaben kurzerhand die Parole »Wohlstandsmehrung für alle« aus, und die SPD avancierte zur Partei des prallen Optimismus. Alles sollte besser, größer, umfangreicher werden. Das imponierte damals noch den neuen Mittelschichten (vgl. Ehmke 1994, Schönhoven 2004).

Das Pendel schlägt zurück

Die SPD gewann Wahlen, schaffte nach langen Oppositionsjahren 1966 den Einzug in die Bundesregierung, aber am Ende war der Bruch mit den alten Parteitraditionen doch gewaltig. Selbst das »Godesberger Programm« hatte in den Sechzigern keine Rolle mehr gespielt; das Vokabular des »demokratischen Sozialismus« war der Gruppe um Brandt und Wehner lästig, stand der Modernisierungsstrategie im Weg. Nach einem Jahrhundert der ideologischen Überfrachtung war der Gestus der führenden Sozialdemokraten in das andere Extrem umgeschlagen. Der Politik der SPD mangelte es an einem normativen Fundament, an einer wertorientierten Perspektive. Sozialdemokratische Politik schien nicht viel mehr zu sein als die sachverständige Exekution technischer Imperative in den jeweiligen gesellschaftlichen Teilbereichen. Da gab es keine reformistischen Konzepte oder ethisch-sozialistische Überzeugungen, die das expertokratische Handeln überwölbt und politisch definiert hätten. Nach einer solch radikalen Entideologisierung der Sozialdemokratie musste das Pendel nahezu notwendigerweise irgendwann wieder zur anderen Seite ausschlagen (vgl. Pirker 1965, Kirchheimer 1967).

Indes: Die neue Ära utopischen Überschusses, politischen Moralisierens und doktrinärer Rechthaberei begann nicht erst 1970, wie meist zu lesen ist, als Folge des 68er-Protests der Linksentwicklung der Jusos oder auch der überzogenen Aufbruchsrhetorik des ersten sozialdemokratischen Kanzlers der Bundesrepublik. Das brach sich schon seit 1966 auf sozialdemokratischen Parteitagen Bahn, noch bevor der Jugendprotest Einzug in die Partei hielt. Die Parteiaktivisten an der Basis hatten den Öffnungs- und Anpassungskurs der Parteispitze zwar diszipliniert hingenommen, aber begeistert und ganz überzeugt davon waren sie nicht. Als Herbert Wehner die Sozialdemokraten dann noch in die Große Koalition prügelte, in die Allianz mit der verhassten Partei der Schwarzen und Kapitalisten, da waren Selbstverleugnung und Geduld ziemlich erschöpft. Den Auszug aus dem Milieu in die offene und fremde Welt konnten die Parteifunktionäre nur ertragen, indem sie die alte Heimatfolklore reaktivierten. Über Jahre hatte man auf sozialdemokratischen Parteikonferenzen die Anrede »Genosse« nicht mehr gehört – seit 1966 wurde sie schlagartig wieder üblich (vgl. Lösche/Walter 1992).

Das sozialdemokratische Fußvolk lechzte nach einem Thema, das den Kontrast zur verachteten Union und die moralische Überlegenheit des demokratischen Sozialismus deutlich machen konnte, für das man sich endlich wieder mit Lust und Verve in den politischen Kampf werfen konnte. Dieses Thema sollte die Ostpolitik werden, welche die Sozialdemokraten als Friedens- und Entspannungspolitik definierten und propagierten. Ihr Künder war Willy Brandt. Das machte ihn jetzt, Ende der 1960er und zu Beginn der 1970er Jahre, doch noch zum Helden der Funktionäre und Delegierten: Acht Jahre nachdem er zum Kanzlerkandidaten ausgerufen worden war, hatte er die Parteiaktivisten der unteren und mittleren Ebene endlich hinter sich gebracht und das richtige Integrationsthema gefunden. Sein außenpolitischer Entwurf traf sich vorzüglich mit den friedenspolitischen Sehnsüchten der sozialdemokratischen Basis. Tatsächlich gingen reale Außenpolitik und sozialdemokratische Entspannungspolitik nur selten zusammen, aber in der Konstellation jener Jahre schien beides zu verschmelzen. Das ließ Brandt, den lange ungeliebten Spitzenkandidaten, zum legendären Heroen des demokratischen Sozialismus in Deutschland werden (vgl. Merseburger 2002).

Und die Sozialdemokraten an der Regierung wollten jetzt den Fortschritt planen. Für machbar hielt man das alles in den ersten Monaten der sozialliberalen Koalition. Für machbar und planbar. Mit dem Instrument rationaler, exakter, streng wissenschaftlicher Planung sollte die Politik auf ein ganz neues, natürlich höheres Niveau geschraubt werden (vgl. Metzler 2005). Die große Idee, die den Planungsaktivitäten zugrunde lag, war die einer besseren Zukunft, das ambitionierte Anliegen aller Utopienschmiede und Gesellschaftsarchitekten. Die Politik sollte in weiser Voraussicht Probleme lösen, bevor sie überhaupt erst entstehen konnten. Politik sollte sich nicht mit Reparaturtätigkeiten begnügen, sondern zum großen Gestalter ökonomischen Fortschritts, gesellschaftlicher Wohlfahrt und sozialer Chancendynamik aufschwingen. Politik sollte bewusst und aktiv antizipieren, nicht erst nach langer Passivität und nur auf Druck verspätet reagieren. Das war Überzeugung und Credo der meisten Sozialdemokraten in der Ära Brandt (vgl. Jäger/Link 1984, Lütjen 2007). Programmgeschichtlich knüpfte es an die Formel von der »prophylaktischen Sozialpolitik« an, die die schwedischen Sozialdemokraten und Sozialwissenschaftler Alva und Gunnar Myrdal bereits in den 1930er Jahren für ihr Volksheim-Projekt entwickelt hatten (vgl. Rabenschlag 2008).

In diesem Sinne machte sich Brandts Kanzleramtschef Horst Ehmke schon im Oktober 1969 mit Verve an sein planerisches Werk. Alles sollte miteinander abgestimmt, präzise koordiniert, stringent verbunden werden. Und der Computer sollte es richten (vgl. Bavendamm 1971). Doch Politik ist nicht Wissenschaft, reduziert sich nicht auf Computer plus Management. Und gesellschaftliche Probleme lassen sich ebenfalls nicht nach Art mathematischer Gleichungen lösen.

Die frühen 1970er Jahre boten ein Lehrstück. Der Planungsanspruch trug in sich etliche Aporien und Fragwürdigkeiten. »Wählt man dafür willkürlich eine Periode der Vergangenheit aus«, so kommentierte in den 1970er Jahren Bryan Magee alle Zukunftsberechnungen, »und liest die damaligen Schriften über die Zukunft, die uns aus der Vergangenheit bekannt sind, so ist man erstaunt, wie sehr sie daneben gingen – und zwar fast alle.« (Magee 1976: 255ff.) Denn fast alle Planer ziehen die Linien der ihnen bekannten Empirie ungebrochen in die Zukunft fort. Aber nie ist die Zukunft einfach verlängerte Gegenwart. Allein die Problemlösungen der politischen Planer produzieren stets neue Konstellationen und dadurch auch neue Probleme, die in der Planungsgegenwart noch nicht absehbar sind. Bedürfnisse, Werte, Lebensziele der Individuen ändern sich – auch hier wieder: nicht zuletzt durch die Resultate von Reformen und Modernisierung – und stehen dann quer zu den gut gemeinten Zukunftsprojekten. Und je pluralistischer sich eine Gesellschaft entwickelt, desto weniger passt die Konsistenz eines Plans auf die Vielfältigkeit der Einzelnen.

So warf jedes Planungsbegehren der politischen Exekutive ein Legitimationsproblem der Demokratie auf. Denn recht besehen ging es den Planern um eine wissenschaftlich fundierte Herrschaftstechnik im Verfassungsstaat. Der wissenschaftliche Erkenntnisgewinn und die demokratische Willensbildung aber koinzidieren nicht. Die rationale Expertise muss in der »wissenschaftlichen Demokratie« der Planer den Primat vor der oft irrationalen Willensäußerung des Volkes haben. Und bezeichnenderweise waren daher die frühen 1970er Jahre eine Hochzeit wissenschaftlicher Beratungsgremien für die Bundesregierung. Wo das Postulat aufkam, Politik und Zukunft wissenschaftlich und planvoll zu gestalten, da hatte selbst das Parlament im Prinzip keinen plausiblen Ort mehr (vgl. Metzler 2002, Metzler 2005). Da hatte auch der Zufall, das Unvorhergesehene, das Überraschende keinen Charme mehr; da musste jegliche Kontingenz, im Grunde auch alle subjektive Dissidenz zugunsten einer Homogenisierung des stringent angelegten gesellschaftlichen Entwicklungsprojekts getilgt werden.

Nicht minder problematisch für die Legitimation von Demokratie war die Planer-Chuzpe, dem Volk eine neue Gesellschaft allseits gelöster Probleme und stetigen Fortschritts optimistisch in Aussicht zu stellen. Die Anspruchshybris, die so entstand, musste Regierungen und die Demokratie insgesamt unmittelbar zur Zielscheibe von Kritik und Distanz machen, wenn sich die Realität enttäuschender einstellte, als das Versprechen es zuvor optimistisch ausgemalt hatte.

Aber zunächst lockte die große Erzählung von der Machbarkeit der

Zukunft Hunderttausende von jungen Leuten in die SPD. Eine derartige Verjüngung hatte in der deutschen Parlaments- und Parteiengeschichte zuvor nur die USPD im Jahr 1919 erlebt. Schon damals ging das schlecht aus. In der Regel deutet man die Resonanz bei jungen Menschen als Ausweis der Reformfähigkeit und als Garantie auf eine sichere Zukunft. Für die Sozialdemokraten aber erwies sich die Radikalverjüngung als Last und Bürde.

Mit der Anpassung der sozialdemokratischen Führung an die Zwänge und Zumutungen parlamentarischen Regierens war es jedenfalls bald vorbei: Die jugendlichen Stürmer und Dränger stellten all das radikal in Frage. In der SPD kam es zu heftigen Kämpfen, die als Flügelstreit bezeichnet wurden, obwohl es sich zu einem Gutteil um Generationen- und Kulturkonflikte handelte (vgl. Süß 2004). Es stießen Kohorten mit vollkommen unterschiedlichen Erfahrungen aufeinander, aber auch alte Facharbeitermentalitäten auf neuakademische Allüren. Die reformistische Facharbeiterpartei, die die SPD in den 1950er Jahren, und die arbeitnehmerische Volkspartei, die sie in den 1960er Jahren gewesen war, ging schwer ramponiert aus dieser Auseinandersetzung hervor. Der Ansturm der bildungsbürgerlich sozialisierten jungen Leute war so gewaltig, dass die Traditionstruppen von Ollenhauer oder auch Erler ohne Chance blieben. Die neue Generation verdrängte zunächst die Alten, später dann die Jüngeren, für die die Zugänge zur Parteikarriere über ein Vierteljahrhundert verstopft sein sollten (vgl. Oberpriller 2004). Bis zum Ende des Jahrhunderts blieb die frühsozialliberale Einstiegskohorte in der SPD unter sich.

Damit hatte sich die sozialdemokratische Parteielite der 1980er und 90er Jahre im Großen und Ganzen auf eine einzige Generation verengt, auf den extrem schmalen kulturellen Habitus und Sozialisationshorizont der 1940er-Geburtsjahrgänge. Diese Gruppe traf über etliche Jahre in der SPD immer auf sich selbst, in den immer gleichen Kreisen, Fraktionen, Kungel- und Intrigantenrunden. Dort sprachen alle den gleichen Jargon, pflegten alle den gleichen Stil, teilten alle die gleichen Erfahrungen, beäugten und kontrollierten sich alle gegenseitig. Daraus resultierte eine spießige Enge, in der jeder alles über den anderen wusste: der Gerd über den Oskar, der Oskar über den Rudolf, der Rudolf über den Gerd. Auch die lang anhaltende Führungskrise der SPD hatte mit dieser neurotisierenden Dauerbegegnung der immer gleichen Leute in immer gleichen Konkurrenzkämpfen zu tun. Zwischen der Mentalität dieser Leute und den Mentalitäten der sozialdemokratischen Anhängerschaft tat sich in den 1980er Jahren eine beträchtliche Kluft auf. Das Justemilieu der neuen sozialdemokratischen Elite war irgendwie links, irgendwie ökologisch, irgendwie postmaterialistisch. Die Mehrheit ihrer potenziellen Wähler hingegen war zumindest Letzteres nicht, sodass sich die Bindung zwischen Partei und Wählerschaft erheblich lockerte. Auch die während der 1960er Jahre mühselig erarbeitete Regierungsfähigkeit nahm Schaden, da sich die Spannung zwischen Partei und sozialdemokratisch geführter Exekutive lustvoll steigerte, während erfolgreiche parlamentarische Regierungen stets auf die Handlungseinheit von Partei, Fraktion und Regierung angewiesen sind (vgl. Glotz 1979).

So gesehen, kehrte zum Ausgang der Ära Schmidt das alte Oppositionssyndrom in die SPD zurück, die in wilhelminischen Zeiten von Staat und Bürgertum mehr oder weniger aufgezwungene, später dann konservierte Neigung zum sozialistischen Isolationismus. Aber in den 1970er und 80er Jahren waren es nicht Arbeiter oder Arbeitnehmer, die vor staatlicher Repression und ökonomischer Ausbeutung Schutz im wärmenden Milieuzusammenhang suchten. Die neue sozialdemokratische Oppositionsmentalität war vielmehr provokante Attitüde von wohlstandssozialisierten, akademisch ausgebildeten Kindern der Ära Ludwig Erhards. Der Radikalismus von Theorie und Programm hatte etwas Verspieltes, Unernstes, Unstetes, blieb Instrument, um die Älteren von ihren Posten zu vertreiben, und bot probate Legitimationsformeln für den eigenen Aufstieg. Die einzelnen Versatzstücke der linkssozialistischen Gesinnung wechselten rasch mit den Jahren, ohne dass diese Generation je innegehalten hätte, um sich zu fragen, warum mit all den verschiedenen Fassungen systemüberwindender Konzepte nie etwas anzufangen war und warum das alles scheiterte. Es war ein wurschtiger Radikalismus, ein Theoretisieren ohne Ort und Grund, auf das folgte, was folgen musste: ein wurschtiger Pragmatismus, auch er ohne gesellschaftlichen Ort, ohne Wurzeln, ohne Ziel, ohne Leidenschaft.

In dieser Zeit verlor sich die Hoffnung, die die SPD in den Sechzigern gehegt hatte: auf lange Jahre die Mehrheitspartei der homogenisierten Arbeitnehmergesellschaft zu werden. Die Entwicklung verlief eher in die entgegengesetzte Richtung. Die Gesellschaft homogenisierte sich in den 1970er und 80er Jahren nicht weiter, sondern fächerte sich im Hinblick auf Lebensstile und Orientierungsmuster nach verschiedenen Seiten auf. Und keiner Partei machte das so zu schaffen wie den Sozialdemokraten, die nicht mehr über eine geschlossene Anhängerschaft verfügten, sondern nur noch über ein kulturell hochgradig fragmentiertes Wählerpotenzial. Die alte Einheitlichkeit des sozialistischen Milieus war unwiderruflich dahin und die SPD nun nicht mehr in erster Linie Erfahrungsgemeinschaft und Emanzipationsbewegung einer weltanschaulich verbundenen sowie organisatorisch verzahnten Produktionsklasse, sondern überwiegend eine säkularisierte Koalition von Wähler- und Zielgruppen, deren Einstellungen, Lebensstile und Erwartungen weiter auseinanderdrifteten als bei jeder anderen Partei (vgl. Apel 1990).

Heterogenisierung

Die Auflösung des sozialdemokratischen Wählerbündnisses, das 1969 zum Machtwechsel geführt hatte, erfolgte in drei Schritten und an drei ganz unterschiedlichen Stellen. Als erstes verabschiedeten sich die markt- und produktionsorientierten Mittelschichten. Ihr Held war Ende der 1960er Jahre Karl Schiller gewesen. Seinetwegen hatten die meisten aus dieser Gruppe 1969 erstmals die Sozialdemokraten gewählt. Doch Schillers Stern sank rasch. Zuerst verließ er die Regierung, dann die Partei, in der nach mehr als zehn Jahren nun wieder über die staatliche Lenkung von Investitionen, in Randbereichen gar über die Sozialisierung der Produktionsmittel, auch über kräftige Steuerprogressionen verhandelt wurde. Eine Euphorie herrschte – wegen Brandt, wegen der Politik des Friedens und des großen sozialdemokratischen Wahlsieges von 1972. Kaum jemand bemerkte, dass die SPD gerade bei dieser Wahl in den prosperierenden Regionen südlich der Mainlinie, in Städten wie Frankfurt und München, viele Stimmen aus den neuen Mittelschichten schon wieder an die FDP und auch an die Union abgeben musste. Und diese Entwicklung sollte sich fortsetzen (vgl. Baring 1982).

Der zweite Rückschlag für die sozialdemokratische Wählerkoalition ereignete sich Ende der 1970er, Anfang der 1980er Jahre, und wieder waren es die neuen Mittelschichten, von denen er ausging: Zahllose Wähler wandten sich frustriert von der SPD, von der Atom- und Nachrüstungspolitik des Kanzlers Schmidt ab. Aus ihnen rekrutierte sich das Gründungspotenzial der Grünen (vgl. Eppler 1996).

Ein knappes Jahrzehnt später lief der alten Partei der Arbeiterklasse dann auch noch das Proletariat von den einst roten Fahnen. Ein Teil der Arbeiter wählte überhaupt nicht mehr, andere gaben den Rechtspopulisten ihre Stimmen. Man nennt das oft den Verlust der sozialdemokratischen Kernschichten. Doch das trifft es nicht richtig. Die eigentliche Kernschicht der SPD war stets die aufstiegsorientierte, bildungsbeflissene Facharbeiterelite in der deutschen Gesellschaft. Diese Facharbeiteraristokratie richtete ihre beträchtlichen Sozialenergien, solange ihr die höheren Schulen und Universitäten in der alten Klassengesellschaft verschlossen blieben, auf den Binnenraum der

Arbeiterbewegung. Sie organisierte Partei, Gewerkschaften, Sportvereine und Kulturverbände (vgl. Wachenheim 1967). Und vor allem über die Freizeitorganisationen verband die Facharbeiterelite auch die Masse der schlecht qualifizierten, politisch eher desinteressierten Arbeiter mit der SPD. Diese Anbindung aber ging verloren, als die Familien der Facharbeiter die Bildungsexpansion der 1960er und 70er Jahre nutzten. Die Söhne und Töchter sozialdemokratischer Dreher, Schriftsetzer und Bergarbeiter machten Abitur, studierten und verließen die Arbeiterquartiere. Die einen also stiegen auf und ließen die anderen zurück – nun ohne Organisation, ohne kulturelle und soziale Behausungen, ohne die Erfahrung der Kollektivität. Damit begann die Entsozialdemokratisierung des bundesdeutschen Restproletariats (vgl. Walter 2002).

Doch war das eine gesamteuropäische Entwicklung. Die Restarbeiterschaft und die neuen Unterschichten koppelten sich zu großen Teilen von der Sozialdemokratie ab. Die Zurückgebliebenen und Marginalisierten fühlten sich kulturell, stilistisch und sprachlich nicht mehr von den sozialdemokratischen Aufsteigern repräsentiert. Das wurde so zum Raum für (rechts-)populistische Bewegungen, die von Mittel- bis Nordeuropa vielfach zu neuen Arbeiterparteien avancierten. Vor allem bei den jungen Männern der Unterschicht fanden sie Anklang: Mit charismatischen Volks- und Bierzeltrednern, mit einem braungebrannten Rambo- und Machohabitus, mit einer Robin-Hood-Rhetorik, mit ausländerfeindlichen Attacken, mit rabiaten antiökologischen Sprüchen, mit einer Politik des großzügigen Cash-Versprechens. Rot-grüne oder postmaterialistische Mentalitäten sind in diesem Sozialumfeld dagegen verhasst (vgl. Decker 2000).

Fortan hatte die SPD mit einem besonderen Problem zu kämpfen. Denn sie brauchte die unterschichtigen Wähler – allein schon, um mehrheitsfähig zu bleiben –, und sie musste sich auch deshalb um sie kümmern, weil darin ein wesentlicher Teil ihres Selbstverständnisses lag. Aber die Klasse der Zukunft, das Subjekt der Befreiung war das nicht mehr, wie die Theoretiker des Sozialismus es in früheren Jahrzehnten von der industriellen Arbeiterklasse noch einigermaßen plausibel annehmen durften. Aus dieser Annahme zogen die Sozialdemokraten über viele Jahrzehnte ihr Sendungsbewusstsein, den Glauben, für eine große Mission zu kämpfen. In den Unterschichtquartieren der Republik aber vertraten sie nun die Opfer, Verlierer, Ausgemusterten und Marginalisierten. Als Motoren für hehre Zukunftsprojekte und Wirtschaftsreformen taugten sie nicht. Je stärker sich die SPD dieser Gruppe annahm, desto defensiver, randständiger, karitativer wirkte auch sie selbst, gleichsam wie der sozialkonservative politische

Vollzugsausschuss der Arbeiterwohlfahrt. Das mochte ehrenhaft sein. Mehrheitsfähig war es nicht. Dennoch konnte die SPD die Unterschichten nicht einfach links liegen lassen, da dies nicht bloß weniger ehrenhaft, sondern vor allem ebenfalls nicht mehrheitsfähig gewesen wäre. Hier lag und liegt das sozialdemokratische Dilemma.

Schon einmal befanden sich Sozialdemokraten in einem ähnlichen Zangengriff, als nämlich die SPD der Weimarer Republik in den Jahren 1920 bis 1924 und 1930 bis 1932 nach links *und* rechts verlor. Zeigte sie auf der einen Seite scharfes Profil, kamen ihr auf der anderen die Konturen abhanden. So auch in den 1980er und 90er Jahren. Rang sich die Partei zu einem Kurs der ökologischen und/oder marktwirtschaftlichen Modernisierung durch, verprellte sie die vom ökonomischen Umbruch und vom Wandel der Werte zutiefst verunsicherten, meist jungen Männer der Unterschichten; verharrte sie aber in der sozialstaatlichen Tradition und in der altindustriellen Subventionsmentalität, dann blieb sie Schutzpatronin der arbeitslosen Stahlarbeiter und alleinerziehenden Großmarktverkäuferinnen und verlor den Anschluss an die Aufsteigerschichten und prosperierenden Sozialkulturen in den Wachstumsgebieten des Landes.

Bis Mitte der 1990er Jahre hatte die SPD sämtliche Varianten ausprobiert. Als »Schutzmacht der kleinen Leute« war sie bei den Bundestagswahlen 1987 und 1994 angetreten und hatte dabei ihr Traditionswählerpotenzial gut ausgeschöpft, innerhalb der neuen Mittelschichten aber schlecht abgeschnitten. 1990 wiederum hatte sie mit ihrem Kandidaten Lafontaine ökologisch-postmaterialistische Modernität gezeigt und kosmopolitischen Abstand zur nationalen Einigung demonstriert, wodurch sie einige Stimmen aus dem Lager der Grünen zurückgewann, sonst aber kräftig verlor. So oder so: Die SPD blieb mehrheitsunfähig. Sie durfte nicht zu traditionell sein, aber auch nicht zu modern. Am Ende war sie weder das eine noch das andere. Ihr Profil verblasste. Man fand keine kernigen Botschaften, was wiederum die Aktivisten und Funktionäre der Partei demobilisierte. Die Wahlkämpfe der Partei verloren an Schwung, und Bundestagswahl für Bundestagswahl ging verloren (vgl. Walter 2005).

Partei in der Depression

Gewiss, die Sozialdemokraten hatten es schwer mit der gesellschaftlichen Entwicklung, mit der Heterogenität ihrer Anhängerschaft, mit der Desintegration der Arbeitnehmerschaft besonders in den 1980er Jahren. Aber die Krise der SPD war nicht nur auf eine ungünstige sozialkulturelle Struktur zurückzuführen. Sie steckte auch in der Partei selbst. Denn diese ›verschwiemelte‹ nach dem Ende der sozialliberalen Koalition immer mehr, und die jungen Kämpfer der 1970er Jahre wirkten, kaum dass sie die alte Garde um Kanzler Schmidt erfolgreich zur Strecke gebracht hatten, ermattet. Die Juso-Ideologen von einst hatten keine Lust mehr auf Theorie- oder Strategiedebatten und scheuten nun die harten politischen Schlachten (vgl. Vogel 1996).

Das gilt am stärksten für die Ära Vogel. In ihr wurden alle Konflikte innerhalb der SPD überdeckt, für alles gab es eine Kompromissformel, eine Konsensregelung, den Proporz und ganz besonders: die Quote. Die SPD entpolitisierte sich regelrecht, indem sie sämtliche Widersprüche rhetorisch hinwegintegrierte und die im weiten Spektrum der Partei denkbaren Positionen kunstvoll, doch lehrformelhaft in ein Programm zusammenband, das auf diese Weise am Ende dick, bräsig und unlesbar war – und tatsächlich auch von kaum jemandem gelesen wurde. Es reichte, dass die Konflikte befriedet waren: Das Sedativ war die sozialdemokratische Musterlösung geworden.

Nur wirklich entschieden wurde damit nichts. Das Sozialdemokratische zerfloss, besaß keine Gestalt mehr. Die SPD hatte ihren Sinn für politische Substanz verloren – nämlich die Konzentration auf die Kernfragen der Nation und den Streit darüber, an dessen Ende ein klares Votum stehen muss. Um all das wurde in der SPD unter Vogel und Scharping ein weiter Bogen geschlagen. Und so wussten über Jahre weder Wähler noch Parteimitglieder, wie die Antworten der SPD auf die wichtigsten Fragen der deutschen Politik nun eigentlich lauteten. Auch das demobilisierte Aktivisten, Anhänger und Wähler. Das sozialdemokratische Milieu dämmerte, lustlos und lethargisch, vor sich hin.

Für Spannung sorgte allein die chronische Führungskrise in der SPD. Im Streit zwischen den Enkeln Willy Brandts entlud sich der Konflikt, der programmatisch so hartnäckig geleugnet worden war. Auch das beschädigte die Partei, schwächte ihre Institutionen, ihre Ansprüche und Traditionen. Und da die SPD zu Beginn der Neunziger viele Ministerpräsidenten stellte, gab es zahlreiche Rivalen. Fast alle entstammten sie der gleichen Generation, und kaum einer von ihnen hatte seine Karriereplanung bereits abgeschlossen. Sie belauerten und befehdeten sich schon seit den frühen 1970er Jahren, seit den legendären Flügelkämpfen und Bundeskongressschlachten der Jusos, sodass jeder die Schwächen, Defizite und Verfehlungen des anderen nur allzu gut kannte. Diese intrigantenhafte Konkurrenz unterhöhlte die Führung wie die Geschlossenheit der SPD und konnte auch durch den programmatischen Formelkompromiss nicht wettgemacht werden (vgl. Leif/Raschke 1994).

Die Mediengesellschaft hat die Rivalität und die daraus folgende Zersplitterung der sozialdemokratischen Führungsmannschaft noch weiter angeheizt. Allein in der voll entfalteten Mediengesellschaft konnten Ministerpräsidenten aus peripheren Landesteilen, die noch in den ersten beiden Jahrzehnten der Bundesrepublik ohne Beachtung geblieben waren, so weit nach vorne rücken. Unter anderen Bedingungen wäre etwa ein Mann wie Oskar Lafontaine wahrscheinlich zeitlebens ein begabter, im Übrigen aber nicht weiter bedeutsamer Chef einer entlegenen, strukturschwachen Grenzregion geblieben. Nur mit Hilfe der Medien konnte er sich als instinktsicherer Provokateur und Tabubrecher in Szene setzen und zu einem der bekanntesten Politiker der Republik werden. Seine wie auch Gerhard Schröders prägende Erfahrung in den 1980er Jahren war, dass ein provokanter Medienauftritt weit mehr brachte als in irgendwelchen Parteigremien mühselig zusammengezimmerte Resolutionen. Beide sind Kinder und Akteure der Mediengesellschaft, die rasch erfassten, dass die Presseleute ihnen immer dann besonders viel Aufmerksamkeit widmeten, wenn sie die eigene Partei stichelten, wenn sie alte sozialdemokratische Grundsätze locker beiseite schoben und gegen Establishment und Reglement der SPD verstießen. Beide lernten in jenen Aufstiegsjahren aber auch, dass man sich nicht allzu lange und intensiv bei einem Thema aufhalten oder gar mit ihm identifizieren durfte, dass die Medien Überraschungen prämierten, das Flirrende schätzten und sensationelle Positionswechsel goutierten (vgl. Micus 2005).

Ein solch strategisches Verhalten löste die Bindungen in der Sozialdemokratie, untergrub die Loyalität, schwächte das institutionelle Fundament von Partei und Politik überhaupt. Man konnte damit wohl nach vorne und nach oben kommen, aber man konnte so nur schwer regieren, da von einer Regierung Konstanz, Stetigkeit und Verlässlichkeit gefordert werden und sie ihrerseits auf berechenbaren Rückhalt und die Loyalität von Partei und Parlamentsgremien angewiesen ist. Die Medienpolitiker unterminierten, um an die Macht zu kommen, gerade jene Faktoren, die sie brauchten, um an der Macht zu bleiben. Auch das wurde ein Dilemma der SPD im ersten Jahr nach den Bundestagswahlen 1998.

Inszenierung gelungener Dualität

Aber immerhin, sie kamen 1998 doch noch an die Macht, die Sozialdemokraten. Das war überraschend genug. Noch 1995 saßen sie tief im Schlamassel der Scharping-Krise; wohl kaum jemand in der Republik hätte damals einen höheren Betrag auf einen Sieg der heillos konfusen SPD nach den folgenden Bundestagswahlen gewettet. Auch nach dem Führungswechsel zu Lafontaine wurde es nicht gleich besser. Die großen strukturellen Schwierigkeiten blieben: die Verengung der Parteielite auf eine Generation, die extreme Heterogenität des Wählerpotenzials, das Mobilisierungsdefizit. Zwischen 1995 und 1997 gingen sämtliche Regionalwahlen verloren, teilweise sogar auf recht drastische Weise. Von einem leidenschaftlich herbeigesehnten Regierungswechsel war so gut wie nichts zu spüren. So hat man sich dann auch angewöhnt, das Resultat der Bundestagswahl von 1998 als Ausdruck einer gewissen Verdrossenheit und Ermüdung des Volks hinsichtlich eines zu lange amtierenden Bundeskanzlers zu nehmen, vielleicht auch noch als Anerkennung für die perfekte Performance des Kandidaten Schröder in den Medien. Das sei es dann aber auch schon gewesen.

Doch das war es nicht nur. Es gab durchaus einige langfristig wirkende Faktoren für den Erfolg von 1998. Der Sieg der SPD hatte sich über einen größeren Zeitraum hinweg aufgebaut. Zu den Voraussetzungen des Erfolges gehörte der biografische Lern- und Reifeprozess der so sprunghaften Parteielite aus der Juso-Generation der frühen 1970er Jahre. Das dauerte bei dieser verwöhnten Generation außerordentlich lange. Doch in den 1990er Jahren gingen die »Enkel« durch das Säurebad politischer Verantwortung, und die gouvernementale Erfahrung auf Bundesländerebene verschob den politischen Ort. Als Ministerpräsidenten und Länderminister rückten die »Enkel« des Willy Brandt zügig in die halblinke Mitte, wodurch sich die politischen und kulturellen Differenzen zum sozialdemokratischen Wählerpotenzial der 1980er Jahre reduzierten. Von dieser neuen Position aus konnte die SPD die Distanz zu ihren Traditionswählern etwas abbauen und auch wieder aussichtsreich in den Zwischenbereich zur Christlichen Union vorstoßen.

Allerdings brauchte die SPD nach all den schnell wechselnden Vorsitzenden, all den die Wechsel begleitenden Querelen nun unbedingt innerparteiliche Geschlossenheit und eine handlungsfähige Führung. Dafür sorgte Oskar Lafontaine. Mit ihm als Vorsitzenden schien die über zehn Jahre schwelende Führungskrise der deutschen Sozialdemokraten endlich gelöst. Denn mit Lafontaine war der eigentliche Leitwolf der Enkelgeneration an die Spitze der Partei getreten (vgl. Hoell 2004). Schon seit den frühen 1980er Jahren war es immer Lafontaine, der thematisch vorpreschte und publizitätsträchtige Zuspitzungen fand. Als erster Vertreter seiner Generation hatte er den regionalen Machtwechsel geschafft und neue Orientierungen – mal links, mal rechts, mal auch über Kreuz – in die SPD hineingetragen. In ihm schien das Erwachsenwerden der Kinder der Erhard-Ära politisch Gestalt anzunehmen. Denn zwischen 1996 und 1998 hatte sich der bekennende Hedonist und launische Politflippi zum disziplinierten Truppenführer seiner Partei aufgeschwungen. Seit Brandt hatte kein Sozialdemokrat in der Partei mehr über eine solche Autorität verfügt. Eher war sein Einfluss sogar noch größer, weil Lafontaine im Unterschied zu dem oft schweigenden, mitunter bloß kryptisch raunenden Brandt in den Leitungsgremien der SPD stets scharf und präzise die strategische Linie vorgab. Wie Brandt aber war Lafontaine überraschenderweise auch zur Integration der verschiedenen Parteigruppen fähig. Er kittete die zersplitterte Führung und band auch die Regionalfürsten und Primadonnen der Partei durch eine Mischung aus Einschüchterung und Schmeichelei in das neue sozialdemokratische Gemeinschaftsprojekt ein. Das hatte lange kein Vorsitzender mehr zustande gebracht. So agierten die Sozialdemokraten seit 1996 nach langer Zeit erstmals wieder geschlossen.

Und doch: Ein Sympathieträger für Wechselwähler des bürgerlichen Lagers war der aggressive Sozialagitator aus dem Saarland nicht. Insofern war die Doppelspitze Lafontaine/Schröder ein plausibles Konzept, um das sozialdemokratische Dilemma zu lösen. Die SPD musste Tradition wahren, durfte sich aber auch von der Moderne nicht abschotten; sie brauchte die Reste ihres Milieus, durfte sich aber nicht darauf beschränken; sie musste ihre Kernschichten anfeuern, durfte aber die Grenzschichten zum bürgerlichen Lager nicht abschrecken.

So mobilisierte Lafontaine die sozialdemokratischen Traditionsschichten, indem er die soziale Asymmetrie in der Republik geißelte und dem Neoliberalismus den Kampf ansagte. Schröder hingegen zielte zunächst stärker auf potenzielle Pendelwähler zwischen Union und SPD, die sich nach 16 Jahren Kohl, meist ganz diffus, neuen gesellschaftlichen und ökonomischen Schwung erhofften. Auf diese Weise spiegelte die Doppelspitze der SPD ziemlich genau die ambivalente nationale Befindlichkeit in der zweiten Hälfte der 1990er Jahre. Denn auch die Mehrheit der Deutschen war ja irgendwie für Innovation, ängstigte sich jedoch zugleich irgendwie davor. Die SPD-Doppelspitze umfasste Zuversicht und Ängstlichkeit, Reform und Antireform; sie ebnete den Weg dafür, dass sich Wahrer des Wohlfahrtsstaates und

Prediger der Deregulierung, erfahrene Gewerkschaftsfunktionäre und junge Firmengründer in ein und derselben Partei elektoral ansiedeln konnten (vgl. Niedermayer 1999).

Somit hatte die Partei erstmals seit 20 Jahren das Problem scharf widersprüchlicher Wählererwartungen gelöst, wenngleich nur für die Zeit des Wahlkampfes. Diesmal versuchte sie es gar nicht erst mit Zielgruppenkampagnen wie in den 1980er Jahren. Auch auf differenzierte synthetische Programmpakete verzichtete sie, denn das hatte die Wähler noch nie erreicht. Die Bündelung des Heterogenen erfolgte über Personen, über Lafontaine und Schröder. Das Problem aber, dass es sich allein um einen personellen und symbolischen Zusammenschluss für die Zeit oppositioneller Sammlung handelte, blieb. Ein Handlungsmuster für exekutive Arbeit, die Zweideutigkeit nicht gut brauchen konnte, war damit noch keineswegs gewonnen.

Zudem war es von Beginn an riskant, dass das Führungsduo selbst – und hier wiederum jeder für sich – seine Rolle festlegte. Kein Plan für den inszenierten Dualismus, kein Drehbuch, nicht einmal eine regelmäßige Abstimmung zwischen den Hauptakteuren existierte. Intuitiv machten Lafontaine und Schröder bis zum Wahltag fast alles richtig. Aber es hätte auch anders kommen, jemand hätte schon früher aus der Rolle fallen können. Die sozialdemokratische Doppelspitze bildete ein explosives Gemisch, das längst vor dem 1. März 1999, dem Tag der jähen Demission Lafontaines, hätte in die Luft gehen können.

Wichtig für den Wahlsieg von 1998 war ebenfalls, dass sich nicht nur die sozialdemokratische Parteiführung, sondern auch die Kernkohorte ihrer Wählerschaft – demografisch, materiell und normativ – in die Mitte der Gesellschaft bewegte, dabei jedoch die politische Grundorientierung behalten hatte. Die Kernkohorte der Sozialdemokratie, wie überhaupt von Rot-Grün, bildeten die Geburtsjahrgänge 1950-1967 (vgl. Egle/Ostheim/Zolnhöfer 2003). In dieser Gruppe gab es seit den frühen 1980er Jahren die größte Distanz zur Union und zur FDP, die stabilste Zustimmung für die SPD, die meiste Unterstützung für ein rot-grünes Regierungsprojekt. Geprägt durch die sozialliberale Zeit, durch den Ausbau des Sozialstaates, durch die Protestkultur der sozialen Bewegung, hatte sie in den entscheidenden Jahren der Sozialisation politisch außerordentlich intensive Erfahrungen gemacht. Nicht zuletzt deshalb sind die erworbenen politischen Orientierungsmuster in dieser Generation erheblich stabiler geblieben als in anderen Kohorten. Der Regierungswechsel von 1998 ging zu einem guten Teil auf solche Sozialisationserfahrungen, auf früh erlerntes Wahlverhalten, also auf durchaus langfristig wirkende Faktoren zurück.

Krux des Dualismus

Das war der Schlüssel, aber auch die Krux des Wahlsieges von 1998. Die SPD gewann, weil sie Tradition mit Modernität kombinierte, weil sie Schröder *und* Lafontaine herausstellte, soziale Gerechtigkeit *und* Innovation versprach, auf Verlierer *und* Gewinner der Gesellschaft zielte. So bekam sie diesmal, nach vielen vergeblichen Anläufen, das Management der Heterogenität endlich in den Griff. Durch einen glänzend inszenierten Dualismus von Personen, Habitus und Aussagen hatte man ganz verschiedene Erwartungen auf sich projiziert und diese dann, alle zusammen, am Wahlsonntag zu einer Stimmenmehrheit gebündelt. Ebendeshalb jedoch ging von der Bundestagswahl trotz des eindeutigen Resultats kein eindeutiges Signal aus, keine scharf vorgezeichnete Orientierung, erst recht kein politischer Aufbruch zu neuen Ufern.

Dadurch unterschied sich der Regierungswechsel von 1998 deutlich von den Wenden der Jahre 1969 und 1982, als sehr viel klarer war, wohin die Gesellschaft wollte. 1998 erhoffte sich der eine, eher geringe Teil der sozialdemokratischen Wählerschaft neuen Schwung für marktwirtschaftliche Reformen und couragierte Deregulierungsinitiativen. Der andere, wohl größere Teil aber fürchtete genau das und erwartete vom neuen Bonner Kabinett zuallererst Schutz, Sicherheit und materielle Wohltaten. Gemeinsam verlangte man von der Regierung, dass sie zügig, entschieden und konsistent handelte. Viel Geduld hat in einer modernen Gesellschaft ohne große Milieus und weltanschauliche Bindungen kaum jemand noch. Wohin auch immer die Regierung also ging, sie musste einen Teil enttäuschen. Die SPD hatte seit den 1980er Jahren mit dem Dualismus zu kämpfen. Er war Ausdruck ihrer unausgefochtenen, nicht zur Entscheidung geführten Konflikte, aber er war auch und noch viel mehr Spiegel der auseinanderstrebenden Wählerprofile. Die SPD konnte nur als Partei des kunstvoll ausbalancierten Dualismus Wahlen gewinnen. Aber regieren konnte sie damit schwer. Auch das war ein sozialdemokratisches Dilemma.

Der Versuch, die Strukturen zu entdualisieren, warf jedenfalls gleich neue Probleme auf. Zwar stärkte der Rücktritt Lafontaines zweifellos die Position des Kanzlers, aber er lähmte und demotivierte über einige Monate große Teile der Partei, die plötzlich auf ihren langjährigen Leitwolf verzichten mussten und sich zunächst vom lange ungeliebten Schröder nicht führen lassen wollten. Die Verunsicherung stieg noch, als das Kanzleramt des Bodo Hombach – durch das von dort aus lancierte Schröder-Blair-Papier – die Verknüpfung von Tradition und Moderne gleichsam putschartig von oben sprengen wollte. Die

Sozialdemokratie hat in ihrer langen Geschichte einige Glaubenssätze hervorgebracht, die Mitgliedern und Aktivisten wichtig, ja sakrosankt sind; daraus hat sich eine programmatische Kultur entwickelt, die vornehmlich in repräsentativ besetzten Gremien wirkt, gleichzeitig aber die ganze Partei umfasst und ungeheuer viel Geduld und eine hohe Integrationsleistung voraussetzt (vgl. Rudolph 2003). Sie hat ein Organisationsverständnis geschaffen, in dem Funktionäre und Delegierte einen für sämtliche Debatten und Entscheidungen wichtigen Platz einnehmen. Und ihr ist natürlich auch das Misstrauen aller lang bestehenden Gesinnungsgemeinschaften eigen, die neue Denkformen, fremde Sprachen und andere Kulturen schon deshalb abwehren, weil sie nicht die Erdung besitzen. Das alles ist ohne Zweifel furchtbar konservativ, aber es ist auch außerordentlich stabilisierend. Eine solche Partei lässt sich jedenfalls nicht im Handstreich revolutionieren, kann nicht durch ein flüchtiges Programmpapier großspuriger Spindoctors binnen weniger Wochen jäh, kalt und unvermittelt auf neue Begriffe, neue Inhalte, neue Ziele verpflichtet werden. Eine solche Partei lässt sich auf diese Weise nicht schlagartig umkrempeln, sondern allenfalls verunsichern (vgl. Merkel et al. 2006).

Überhaupt gelingt Modernisierung wahrscheinlich nur unter konservativen Auspizien: Je stärker der Einschnitt in die Lebenswelten, desto nötiger die folkloristisch-sentimentale Begleitmusik, desto nötiger sinnstiftende Mythen, Glaubensüberzeugungen und Legitimationsressourcen. Die Enttraditionalisierung der SPD dagegen, wie sie Schröder im Frühjahr und Sommer 1999 zeitweise versuchte, enteignete die Parteisoldaten kulturell, machte sie ortlos, nahm ihnen die Legenden und beraubte sie buchstäblich ihrer Sprache. Die SPD war sich ihrer Kernbotschaften nicht mehr sicher. Eine Partei aber, die daran zweifelt, verliert das Selbst- und Sendungsbewusstsein, das immer noch der Treibstoff ist für idealistisches Engagement, für ehrenamtlichen Einsatz, für Überzeugungsarbeit im Wahlkampf, für samstäglichen Standdienst auf den Marktplätzen und für Diskussionen mit nörgelnden Bürgern (vgl. Buttinger 1972). Ohne traditionsgesättigte Botschaften kann eine Partei ihre Kernwähler nicht mobilisieren. Und ohne die Aktivierung der Kernwähler kann sie auch die Wechselwähler nicht beeindrucken.

Versiegende Traditionalität

Natürlich ist es nicht so einfach mit den konservativen Auspizien. Schließlich hat das Herkömmliche die Grundlagen verloren: die Existenz und Erfahrung industriegesellschaftlicher Kollektivität. Dort arbeiteten und lebten die Menschen in großen Kollektiven, organisiert und geschützt von den Gewerkschaften, pfleglich versorgt in Kindheit, bei sozialer Not und im hohen Alter durch sozialistische Jungfalken, Arbeiterwohlfahrt und Arbeitersamariter. Über diese Struktur rekrutierten die Sozialdemokraten nahezu naturwüchsig ihre Mitglieder und Anhänger, hielten und prägten sie ein Leben lang in einem homogenen kulturellen System. Von alldem besteht nicht mehr viel. Die Werkssiedlungen von ehedem sind, bestenfalls, zu musealen Besuchsobjekten ortsgeschichtlicher Stadtführungen geworden oder, wahrscheinlicher, einfach wegsaniert. Die Wohn- und Arbeitsbiografien haben ihre Kontinuität und Gleichförmigkeit eingebüßt, und die Gewerkschaften schließlich stecken in einer tiefen Organisations- und Identitätskrise, welche in nicht unerheblichem Umfang zugleich ein Problem der Sozialdemokratie ist.

Ein Wandel, der aus den Arbeitern in altindustriellen Bereichen Arbeitnehmer in neutechnologischen, dezentral strukturierten Wachstumssektoren gemacht hätte, ist den Gewerkschaften jedenfalls nicht gelungen. Noch immer sind sie die Interessenvertretungen eines schwindsüchtigen sekundären Wirtschaftssektors. Ihr Organisationsverständnis stößt auf Barrieren bei Dienstleistern und Digitalspezialisten; die Mitgliedschaft ist überaltert, der Frauenanteil niedrig, das Interesse der Jugend äußerst gering. Und wie sich die Rekrutierungserfolge der Gewerkschaften in früheren Jahrzehnten in steigende Mitgliederzahlen bei der SPD umsetzten, treibt ihre Rekrutierungsschwäche heute den Organisationsgrad der SPD herunter. Wo sich die Gewerkschaften in der modernen Welt nicht mehr halten können, dort haben die Sozialdemokraten ebenfalls keinen *dauerhaft* prägenden Einfluss mehr (vgl. Schneider 2000).

Wohin diese Entstrukturierung politisch abermals führen kann, zeigt sich drastisch am Beispiel Österreichs. Nirgendwo auf der Welt hatten Sozialdemokraten eine so mitglieder- und organisationsintensive Sonderkultur errichtet wie hier. Das war die Voraussetzung dafür, dass die SPÖ in dem eigentlich hochkatholischen, auch stark agrarischen, für sozialistische Hegemonie mithin nicht gerade idealen Land in den 1970er Jahren gleich dreimal hintereinander die absolute Mehrheit erzielte, was sonst keiner sozialdemokratischen Partei gelang. Dann jedoch, in der zweiten Hälfte der 1980er und rasanter noch während der 1990er Jahre, zerfiel diese Eigenkultur. Der Erfolg unterhöhlte wieder einmal die eigenen Voraussetzungen. Durch nahezu ständige Regierungsbeteiligung etatisiert, war aus der idealistisch und kulturell inspirierten Gesinnungsgemeinschaft der Facharbeiter ein kühler Interessen- und Patronageverbund von Staatsfunktionären geworden. Dadurch lockerten sich die lebensweltlichen Bezüge zu den Arbeiterquartieren, und auch die Loyalität der Arbeiter gegenüber ihrer traditionellen Partei schwand zusehends. Schließlich orientierte sich das heimatlos gewordene Proletariat um. Es wählte rechtspopulistisch. Auch bei den Nationalratswahlen 2008 ereichten die beiden rechtspopulistischen Formationen (FPÖ und BZÖ) zusammen bei Arbeitern höhere Anteile als die SPÖ (vgl. SORA 2008).

Der moderne Rechtspopulismus ist eben immer auch linker Populismus, nicht bürgerlich, nicht honoratiorenhaft, nicht elitär, sondern arbeitertümelnd, kleinbürgerlich, sozialagitatorisch und plebiszitär. Und er hat dort Erfolg, wo die sozialdemokratischen Heimaten zerfallen, wo die kulturellen und organisatorischen Bindungen zwischen den Unterschichten und den alten Arbeiterorganisationen zerschnitten und die sozialdemokratischen Parteien allzu deutlich ein Teil von Staat und Establishment geworden sind.

Ein anderes Beispiel für die Folgen der Entstrukturierung ist das Ruhrgebiet. In Nordrhein-Westfalen hatte die SPD dreimal hintereinander – 1980, 1985, 1990 – mit Johannes Rau eine absolute Mehrheit erreicht. »Bruder Johannes« – wie man den Ministerpräsidenten von Nordrhein-Westfalen über Jahre gern nannte – hatte den leicht paternalistischen, jedenfalls stellvertretenden, gern betont unpolitisch drapierten Stil der Milieusozialdemokratie auch zur Regierungsmethode im Land zwischen Düsseldorf und Detmold erhoben (vgl. Mittag/Tenfelde 2007). Im »System Rau« sollten die einfachen Bürger wissen, mehr noch: fühlen, dass die Politik, also die sozialdemokratische Regierung, die sozialdemokratischen Landräte und Oberbürgermeister, sich kümmerten. »Hömma, wir regeln dat schon« – als politisches Prinzip. Zum offiziellen Motto dieses Politikmodells kreierte Johannes Rau 1985 den Slogan »Versöhnen statt spalten«. So kam er bei den Landtagswahlen in diesem Jahr auf 52,1 Prozent. Rau präsentierte sein Land der Barmherzigkeit als Kontrastprogramm zum Helmut-Kohl-Kabinett der »sozialen Kälte«. Natürlich: das kostete. Die Schulden, die das Bundesland anhäufte, waren infolgedessen enorm (vgl. Birnstein 2006).

Wohl auch deshalb war es zum Ende der 1990er Jahre jäh mit dem politischen Kümmermodell der SPD in NRW vorbei. Überdies lebten und arbeiteten nunmehr die Kümmerer von gestern nicht mehr dort, wo sie ursprünglich herkamen. Die meisten waren aufgestiegen, hatten lukrative Posten im öffentlichen Dienst ergattert, wohnten längst nicht mehr in der alten Werksiedlung. Plötzlich gab es bei den kleinen und zurück gebliebenen Leuten niemanden mehr, der ihnen beruhigend Fürsorge zusprach.

Kurzum, niemand sagte jetzt mehr: »Wir machen dat schon«. Statt Johannes Rau stand plötzlich Wolfgang Clement ganz oben. Und ebenso plötzlich wurde mit schneidender Stimme verlangt: Ergreift Initiative, übernehmt Verantwortung, werdet innovativ, verändert euch. Doch das hatten die kleinen Leute von den Sozialdemokraten in den vergangenen drei Jahrzehnten nie gehört und erst recht nie gelernt. Dann kam ihre Partei auch noch an die Bundesregierung, stellte den Kanzler. Und wieder hieß es: Eigenverantwortung, Selbstbeteiligung, private Vorsorge. Das »System Rau« war das nicht. Und die kleinen Leute, die in diesem System Schutz und Geborgenheit gefunden hatten, verstanden die Welt nicht mehr, wandten sich enttäuscht ab. An den Wahlsonntagen machten sie nicht mehr mit. So brach die SPD 1999 in Nordrhein-Westfalen zuerst in den Kommunen ein, sechs Jahre später auch im Land.

Auslaufmodell der Industriegesellschaft?

Natürlich: Die SPD wird in den kommenden Jahren nicht gänzlich von der Bildfläche verschwinden. Sie wird – da der Zustand der anderen Volkspartei im Kern keineswegs besser ist – hier und da sogar wieder einmal drei oder vier Prozentpunkte zulegen. Aber die imponierende Partei, die sie einmal war, wird sie nicht mehr werden. Es bleibt daher nur, die Reminiszenz auf eine bemerkenswerte soziale und politische Formation zu verfassen, die in Deutschland oft unglücklich agierte, überwiegend fern der Macht war – und doch in vielen historischen Momenten moralisch nicht so furchtbar versagt hat wie die Repräsentanten des deutschen Bürgertums.

Jedenfalls: Die SPD unserer Tage hat sich vielfach von sich selbst verabschiedet. Zumindest gilt vieles von dem, was von Lassalle bis Brandt, ja noch bis Lafontaine konstitutiv war, nicht mehr. Da ist, nochmals, zuerst der sukzessive Auszug der SPD aus der Arbeiterklasse. Seit den Bundestagswahlen 1998 verlor die SPD dort am stärksten überhaupt, nämlich rund 15 Prozentpunkte. Bei etlichen Landtagswahlen in der zweiten Legislaturperiode von Rot-Grün büßten die Sozialdemokraten gar ein Fünftel ihrer bisherigen Arbeiterwähler ein, was der CDU in den Jahren 2003 und 2004 viele Ministerpräsidenten bescherte.

Das ist zweifelsohne ein historischer Einschnitt für die SPD, da die industrielle Arbeiterklasse für die Sozialdemokraten über mehrere Epochen hinweg gleichsam axiomatisch der ideologische Fixpunkt und das soziologische Fundament aller Parteiaktivitäten, ja der Parteistabilität schlechthin war. Die signifikanten Identitätsunsicherheiten vieler Sozialdemokraten in den vergangenen Jahren sind darauf zurückzuführen. In früheren Jahrzehnten waren sich die Sozialdemokraten ihres gesellschaftlichen Ortes, ihrer sozialen Ursprünge und materiellen Interessen sicher. Diese Gewissheit und Übereinstimmung von Ort, Subjekt und Ziel existiert nicht mehr. Eine neue, alternative Gewissheit hat sich daraufhin nicht herauskristallisiert. Das machte die jahrelange Ratlosigkeit, die Verstörung, die Richtungslosigkeit der SPD wohl aus. Als die Partei dann ihre sozial-kulturelle Distanz zu den zurückgelassenen Arbeitern der alten Industriegesellschaft anerkannte, ging sie mittels der Agendapolitik Schröders nachgerade übereifrig noch einen Schritt weiter: Die Regierungssozialdemokraten stellten den unteren Schichten nicht mehr Arbeit mit Würde und Aufstiegsmöglichkeiten in Aussicht, nicht mehr das Recht auf höhere Löhne in ökonomisch prosperierenden Branchen, nicht mehr zusätzliche Wohlfahrt und weitere Beteiligungsrechte, sondern sie verordneten auch den Zwang zu Erwerbstätigkeiten bei Löhnen, die für den Unterhalt der Familien häufig nicht ausreichten, oft demütigende Subalternität befestigten, Selbstbewusstsein und Berufsstolz – geradezu die Charakteristika der alten sozialdemokratischen Facharbeiterbewegung – reglerecht brachen. Und mit Hartz IV, mit der Zusammenfügung von Sozialhilfe und Arbeitslosenhilfe auf dem Niveau der Ersteren, hat die sozialdemokratisch geführte Bundesregierung die massivste Leistungsreduktion in der bundesdeutschen Sozialgeschichte vollzogen (Trampusch 2008). Als Schröder das Kanzleramt verließ, war die Arbeitnehmerschaft hierzulande materiell und rechtlich deutlich schlechter gestellt als im Jahr seines Einzugs in die Regierungszentrale (Gabriel 2008). Auch damit mag zusammenhängen, dass es in der deutschen Gesellschaft des Jahres 2008 anteilsmäßig nahezu dreimal so viele Arbeiter wie im Mitgliederbestand der SPD gab.

Vor etwa einem halben Jahrhundert hatte der seinerzeit innerparteilich eher rechts stehende SPD-Intellektuelle Carlo Schmid noch für eine neue Gesellschaftsordnung geworben, deren »Gefüge so geformt werden muss, dass der Mensch aus der Objektsituation befreit wird«. (Schmid 1960: 259). Seit 2003 ließen sich die neuen Sozialdemokraten, die lebensgeschichtlich doch sehr links begonnen hatten, von einer Anthropologie leiten, dass die sanktionsunterlegte Pression zur Arbeit, gleich welcher Güte und Qualität, jeder erwerbsfreien Lebensform vorzuziehen ist. Einst war die Überwindung von Entfremdung durch sinnlose Arbeit, ja die Transformation der Lohnarbeit schlechthin ein primärer Antriebsstoff der sozialistischen Bewegung gewesen; nun ist der Arbeitsimperativ unter kapitalistischen Bedingungen – mit dem Topos: jede Arbeit ist besser als keine – zur Apotheose sozialdemokratischer Sinnbildung geworden.

Doch ist der Abschied von sich selbst nicht der einzige Verlust, der den Sozialdemokraten zu schaffen machte. Die Transformation des Sozialdemokratischen seither reicht noch tiefer. Seit ihren Anfängen war die SPD eine Mitglieder- und Organisationspartei, weit stärker als ihre bürgerlichen Pendants, die auf Sammlung von Menschen und Potenzierung von Organisationskraft nicht gleichermaßen angewiesen waren, weil sie über andere, materiell und kulturell wirksamere Ressourcen als eine Unterschichtenpartei verfügten.

Aber zu Beginn des 21. Jahrhunderts versiegen auch bei den sozial nun avancierten Sozialdemokraten die Mitgliederquellen. Begonnen hat dieser Prozess schon vor längerer Zeit. Seit 1990 hat die SPD Mitglieder im Umfang von vier Großstädten verloren. In Nordrhein-Westfalen, das vier lange Jahrzehnte als stolze Zitadelle der Sozialdemokratie firmierte, hat die CDU des Arbeiter- und Rentnerführers Jürgen Rüttgers die SPD seit 2003 zahlenmäßig um inzwischen 22.000 Parteimitglieder überholt. Im Unterbezirk Dortmund, der bis zum Überdruss zitierten »Herzkammer« der deutschen Sozialdemokratie, zählt die SPD nicht mal mehr ein Drittel ihres Bestandes von 1969. Neuere Umfragen brachten kürzlich überdies hervor, dass die SPD im Ruhrgebiet den Christdemokraten bei Landtags- und Kommunalwahlen deutlich unterlegen wäre. Durch die heftigen Niederlagen bei den Regional- und Kommunalwahlen in den letzten Jahren sind der SPD überdies noch Tausende von Mandaten und Funktionen in Deutschland abhanden gekommen.

So mutiert die Sozialdemokratie zum Parteitypus der in ihren Reihen über viele Jahrzehnte nahezu verachteten bürgerlichen Honoratiorenpartei. »Mit ihrer fortschreitenden Verbürgerlichung«, so hatte schon vor einem halben Jahrhundert der französiche Politikwissenschaftler und Jurist Maurice Duverger die Zukunft der sozialistischen Parteien prognostiziert, »macht sich bei ihnen auch ein fortschreitender Verfall der Ortsgruppen bemerkbar« (Duverger 1959: 45). Im Sommer 2008 konnte man folgerichtig Meldungen lesen, dass die CDU erstmals in ihrer Geschichte mehr Mitglieder zählt als die Partei damals noch von Kurt Beck – wenngleich auch der Bestand der Christdemokraten weiter schmilzt.

In der Schröder-Ära verlor die SPD rund vier Fünftel ihrer Länderminister. Ebenso gravierend: Der SPD rutschte der organisatorische Unterbau weg, der die Partei auch in schwierigsten Zeiten ihrer Geschichte, auch bei schlimmen Niederlagen auf der nationalen Ebene gestützt hatte. Typisch ist gewiss der Bedeutungsverlust des klassischen Funktionärs. Bis in die 1980er Jahre war das eine angesehene, wichtige, zentrale Person in der Parteistruktur. Er hielt den Bestand aufrecht, vermittelte Erfahrungen weiter. Der Funktionär war über Jahrzehnte gleichsam »das Mädchen für alles«. Er war der »Kümmerer«, eine Mischung aus Prediger, Samariter und Administrator der Organisation. Noch Willy Brandt bezog Parteisekretäre auf Unterbezirks- und Bezirksebene bewusst in seine politischen Handlungsweisen ein. Johannes Rau hat dies in einem Gespräch mit der Journalistin Evelyn Roll einmal prägnant illustriert. Wann immer Brandt vor einem Problem stand, hat er – so Rau – die Funktionäre zu sich gerufen:

»Und dann hat er dagesessen, tief deprimiert gewirkt und gesagt: Ich habe da ein großes Problem. Dann hat er das Problem geschildert und gefragt: Könnt ihr mir da irgendwie helfen? Was meinst du denn? Willy hatte ihnen immer dieses Gefühl gegeben: Wir müssen mal ganz unter uns was besprechen.« (Roll 2004)

Gerhard Schröder hingegen hat sich um die Parteifunktionäre nicht mehr geschert. Er gab ihnen ziemlich unverhohlen das Gefühl, nicht zu zählen, nichts zu bedeuten. Und etliche Tausend davon befinden sich nun verbittert in der inneren Emigration – oder schielen nach links, zur Partei ihres früheren Idols und Parteivorsitzenden.

In einer solchen Parteiorganisation ist die Maxime »Mehr Demokratie wagen« ohne Fundament und Struktur. Sie gilt seit Jahren innerparteilich auch nicht mehr für die SPD. Die Intrige von kleinen personalen Flechtwerken hat die Debattenauseinandersetzung von Flügeln oder Richtungen als Repräsentanten elementarer Lebenswelten substituiert. Der Wandel politischer Strategien, die Neuformierung politischer Positionen, der Wechsel der Parteiführer verläuft in der Regel nach dem immer gleichen Muster: Ein kleiner Zirkel bereitet das im Arkanum des Parteidunkels vor, prescht dann überfallartig mittels der Massenmedien in die Öffentlichkeit, stellt so – mit der Mahnung, Geschlossenheit und Disziplin zu wahren – den Rest des Mittelbaus und der Basis vor finale Tatsachen. Der Putsch von oben ist zur Methode sozialdemokratischer Oligarchien im Prozess der organisatorischen Auflösung und ideologischen Entleerung der Partei geworden.

Der Sinnverlust unter den Sozialdemokraten wiegt schwer. Natürlich, das hat längst vor Schröder begonnen. Schon im Übergang von den 1980er zu den 1990er Jahren verloren viele der alten, kanonisierten Rezepte aus den sozialdemokratischen Programmwerkstätten zwischen Erfurt, Bad Godesberg und Berlin an Charme und Überzeugungskraft. Doch zum Thema einer großen sozialdemokratischen Aussprache wurde das trotz aller artifiziellen Debatten im Vorfeld des Hamburger Parteitages des Jahres 2007 nicht. Die einen hielten, gleichsam privat und für sich, trotzig und melancholisch an den traditionellen Deutungen und Versprechungen des klassischen Sozialismus fest – je mehr sie das taten, desto eher waren sie im nicht-öffentlichen Bereich der Wahlkabine bereit, ihre Stimme der Lafontaine-Partei zu geben.

Die anderen ließen, ebenfalls privat und für sich, das Traditionsgut – den »Ballast«, wie sie gern lästerten – hinter sich und eigneten sich, wiederum individuell und allein, zumeist vom bürgerlichen Kontrahenten entlehnte politische Interpretationen an. Im Grunde bestand darin die Krux der Agenda 2010. Niemand in der SPD wusste, welche Leitidee der Agenda eigentlich zu Grunde lag. War hier der Sozialstaat Kern und Wurzel des wirtschaftlichen Übels, da er die Staatsquote nach oben getrieben, Eigenverantwortung, Selbstbeteiligung, Investitionsbereitschaft, Wachstumspotenziale, ja den Raum für individuelle Freiheit begrenzt und beschränkt hat? Oder war der Sozialstaat für die Betreiber der Agenda ein zwar sanierungs- und umbaubedürftiges, aber doch gelungenes, attraktives, erhaltungswürdiges Sozialmodell zum Abbau scharfer Klassengegensätze, zur Förderung von Lebenschancen, zur Integration komplexer Gesellschaften? Eine gültige, verbindliche Antwort darauf haben die Sozialdemokraten bis heute nicht gegeben. Innerhalb der Parteielite stieß man, mindestens in Vieraugengesprächen, auf dezidierte Anhänger oder Protagonisten beider Alternativen. Und vor allem bei den jungen Netzwerkabgeordneten traf man deprimierend häufig auf solche, die in der einen Woche für diese, in der anderen Woche für jene Haltung zum Sozialstaat eintraten. Die sozialdemokratische Konfusion dieser Monate hat einen langen Vorlauf.

Wir begegnen wieder einmal dem klassischen Zwiespalt der Sozialdemokratie, die nicht recht weiß, ob sie die obwaltenden Verhältnisse mögen darf, weil sie sie selbst mitgeformt hat, oder bekämpfen sollte, weil das Produkt ihres politischen Tuns weit vom ursprünglichen Ideal entfernt liegt. Man hat dies historisch unzählige Male erlebt. Vor der Folie sozialdemokratischer Ur-Programmatik diskreditierte sich regelmäßig das empirische Handeln sozialdemokratischer Koalitionskabinette. Wann immer die SPD an der Regierung beteiligt war, fielen ihre Ergebnisse im Widerspruch zu den originären Aspirationen aus. Und aus der Enttäuschung darüber bildeten sich in sozialdemokratischen Regierungszeiten oftmals neue Parteien links von ihr, nicht nur in Weimar, sondern auch in der bundesdeutschen Demokratie: so am Ende der sozialliberalen Koalition in Gestalt der »Grünen«, zum Ausgang der Ära Schröder in Form der »Linken«.

Ersatzlos fort sind unterdessen die in den Aufstiegsjahrzehnten des Sozialismus so vielfältigen Intellektuellen und Parteitheoretiker, deren Bogen sich von Karl Marx und Friedrich Engels über Eduard Bernstein, Karl Kautsky, Rosa Luxemburg bis hin zu Rudolf Hilferding, Alexander Schifrin, Theodor Dan, Georg Decker, Eduard Heimann, Siegfried Marck, Hermann Heller, Gustav Radbruch – um nur einige wenige zu nennen – spannte. Gerade der Verlust an Intellektualität und Begründungsfähigkeit hat in der Generation nach Willy Brandt eine enorme normative Leere und geistig-politische Ortlosigkeit hinterlassen. Nicht zuletzt das war der Grund, warum die Sozialdemokraten der letzten 20 Jahre keine Vorstellung mehr von ihrer geschichtlichen Rolle im Übergang von der Industrie- zur Wissensgesellschaft mehr besaßen, sondern sich allein in flüchtigen Episoden wechselhaft und zum Teil atemberaubend widersprüchlich politisch deuteten. Gründlich auseinanderentwickelt haben sich überdies inzwischen die Lebenslagen von Sozialdemokraten und Gewerkschaftern. Beide Sphären haben lange eine Symbiose gebildet, in der sich Betriebserfahrungen und politische Fertigkeiten verknüpften. In den 1950er und 1960er Jahren war es in der SPD noch Usus, bei Wahlen prominente Gewerkschafter auf einen der vordersten drei Plätze der Landesliste zu setzen. Doch heute gehört kein Gewerkschaftsführer mehr der sozialdemokratischen Bundestagsfraktion an; überhaupt ist der Anteil von Gewerkschaftsmitgliedern in der Mannschaft von Peter Struck gegenüber der Regierungszeit von Helmut Schmidt um 25 Prozentpunkte zurückgegangen. Insgesamt sind über zwei Drittel der SPD-Mitglieder jetzt ohne Gewerkschaftszugehörigkeit – auch hier: ein historischer Tiefpunkt (vgl. Nachtwey 2008). Der lokale Betriebsrat ist nicht mehr zugleich stellvertretender Ortsvereinsvorsitzender und Mitglied der Stadtratsfraktion der SPD. Friktionen hat es zwischen Gewerkschaften und Sozialdemokraten zwar historisch immer wieder gegeben. Aber die Entfremdung, wie sie sich seit dem Frühjahr 1999 durch die jähe, zuvor im Wahlkampf noch ausgeschlossene Austeritätspolitik Hans Eichels, dann durch die Revision der Rentenpolitik durch Walter Riester aufgetan hat, ist geschichtlich neu – zumal ein gewichtiger Teil des gewerkschaftlichen Mittelbaus einen möglicherweise finalen politischen Repräsentanzwechsel von der SPD fort vollzogen hat. Was einst sicheres Vorfeld der Sozialdemokraten war, scheint in Teilen zum Rekrutierungsfeld und zur Kaderschmiede der »Linken« zu werden (vgl. Spier et al. 2007).

Beschleunigt hat sich dieser Entfremdungsprozess bekanntlich seit dem Frühjahr 2003, als der damalige Bundeskanzler Schröder seine Agenda-2010-Reformen zur Entschlackung der altbundesdeutschen Sozialstaatlichkeit verkündete, was gleichsam der Startschuss für viele zuvor sozialdemokratisch organisierte Gewerkschaftsfunktionäre war, die »Wahlalternative Arbeit & Soziale Gerechtigkeit« zu gründen, welche hernach in die Linkspartei einfloss. Schröders Partei-Generalsekretär Olaf Scholz räsonierte zeitgleich mit der Agenda öffentlich über den Abschied vom Credo der »*sozialen* Gerechtigkeit«, warnte überdies vor einem linken Egalitarismus und verkündete, es habe in Deutschland zuletzt »eine gewaltige Umverteilung von oben nach unten stattgefunden« (Frankfurter Rundschau, 26.8. 2003), obwohl etliche sozialdemokratische Anhänger in diesen Jahren eine ganz andere Wahrnehmung der materiellen Verteilungsverhältnisse in Deutschland besaßen.

Demokratischer Sozialismus?

Die SPD transformierte sich dadurch. Spätestens die Bundstagswahlen 2005 haben es deutlich manifestiert: Die SPD ist nicht mehr dort am stärksten, wo die Wohnverhältnisse bescheiden bis schlecht sind, die Einkommen besonders niedrig liegen, das Bildungsniveau gering ausfällt. Ihre besten Ergebnisse erzielte die Partei vielmehr bei Wählern mittleren Alters, mittlerer Schulbildung, mittelguter Wohnquartiere, mittleren Einkommensniveaus. Kurzum: Aus der Partei des Proletariats war im Zuge selbst eingeleiteter Sozialstaats- und Bildungsreformen vorwiegend eine Interessenvertretung emporgekommener Ex-Facharbeiterkinder geworden.

Die programmatischen Losungen der neuen Sozialdemokraten – Bildung, lebenslanges Lernen, Chancen, Leistung – spiegelten daher auch die Lektion aus den erfolgreichen Biografien sozialdemokratischer Aufsteiger der bundesdeutschen Wohlfahrtsstaatsära. Aber sie hatten mit den neuen Erlebnissen des Scheiterns durch Bildungsversagen in den mehrfach gebrochenen Lebensgeschichten des unteren gesellschaftlichen Drittels nichts zu tun. Diese beiden Welten sind einander sukzessive fremd geworden.

»In keinen Bereich des Lebens«, so die scharfsinnige Analyse des Wiener Philosophieprofessors Konrad Paul Liessmann, »wurde seit der Entwicklung moderner Gesellschaften soviel Hoffnung gesetzt wie in den der Bildung. Bildung war die Utopie des Kleinbürgers, dass es zwischen Lohnarbeit und Kapital noch eine dritte Existenzform geben könne. Bildung war die Hoffnung der Arbeiterklasse, durch Wissen jene Macht zu erringen, die ihr die misslungenen oder ausgebliebenen Revolutionen verwehrt hatten, Bildung war und ist das Vehikel, mit dem Unterschichten, Frauen, Migranten, Außenseiter, Behinderte und unterdrückte Minderheiten emanzipiert und integriert werden sollten, Bildung gilt als begehrte Ressource um die Standorte der Informationsgesellschaft. [...] Bildung wurde zur Ideologie säkularer Gesellschaften, die weder auf religiöse Transzendenz noch auf revolutionäre Immanenz setzen können; Bildung war so von Anfang an ein Motor für die Modernisierungsschübe, gleichzeitig aber auch ein falscher Trost für schamlos so genannte Modernisierungsverlierer, die, weil ohne Bildung, damit auch an ihrem Schicksal selber Schuld waren; Bildung funktioniert als Stimulans und Beruhigungsmittel in einem: Sie mobilisiert die Menschen und hält sie, als permanentes Versprechen für bessere Zeiten, das als drohender Imperativ wirkt, gleichzeitig davon ab, sich zu mobilisieren. Bildung darf gar nicht gelingen, weil dann ihre Beschränktheit deutlich würde.« (Liessmann 2006: 50f.)

Vor allem mobilisierte die Formel »Chancen durch Bildung« nicht das bildungsbenachteiligte untere Fünftel der Gesellschaft. Dort verband und verbindet sich mit »Bildung« nicht Hoffnung, sondern die Erinnerung an Demütigung, Versagen, Scheitern – letztlich die Alltagserfahrung des Abgehängtseins gegenüber denen, die leichter lesen, besser rechnen, problemlos fremde Sprachen lernen können. Eine Studie von Sinus-Sociovision für die »Bundeszentrale für politische Bildung« aus dem Jahr 2006 unterstreicht das deutlich: Bildung gelte den unteren Schichten

»als Sphäre der Offenbarung eigener Defizite – häufig gekoppelt an die meist problematisch erlebte Schul- und Ausbildungszeit. Die Erinnerungen an jene Zeit sowie der (mögliche) Kontakt zu klassischen Bildungsangeboten erzeugen oft Gefühle von Frustration, Minderwertigkeit, Chancenlosigkeit, Ohnmacht und Überforderung (Loser-Erfahrung). [...] Das Thema konfrontiert mit Versagensängsten und wird oft mit dem Argument der ›praktischen Nutzlosigkeit‹ abgetan. Viele Konsum-Materialisten haben bereits eine Reihe von Umschulungen gemacht, Fremdbestimmung auf sich genommen. Dies ist häufig gepaart mit der frustrierenden Erfahrung, dass trotz dieser Anstrengungen der wirkliche Erfolg (neue Stelle/Erhalt der Stelle) ausgeblieben ist.« (Sinus-Sociovision 2006: 16)

Auch der Bildungsforscher Karl Ulrich Mayer musste als Ergebnis seiner Untersuchungen feststellen:

»Merkwürdigerweise ist im Prozess der Angleichung der Bildungschancen die relative Ungleichheit von Bildungsergebnissen größer geworden. Es gibt zahlreiche Studien, die das belegen und zeigen, dass dieser Selektionsprozess Konsequenzen für ganz unterschiedliche Lebensformen hat. Man findet etwa im Heiratsverhalten oder bei der Familiengründung mehr Unterschiede zwischen den einzelnen Bildungsgruppen als vor 20 Jahren.« (Mayer 2000: 205)

Die Restarbeiterklasse verwaiste in diesem Vorgang politisch und kulturell. Ihre früheren sozialdemokratischen Anführer waren höher geklettert, gebrauchten daraufhin eine andere Sprache, wohnten besser und innerstädtisch weit vom früheren Ort entfernt, organisierten nicht mehr, wie zwischen den 1870er und 1970er Jahren, den Lebenszusammenhang der minderprivilegierten Schichten. Die Zurückgebliebenen des »sozialdemokratischen Jahrhunderts« waren organisatorisch entbettet, negativ individualisiert. Infolgedessen zerfielen die vormaligen, inzwischen nur noch vermeintlichen sozialdemokratischen Hochburgen. Zwischen der zurückgebliebenen Unterklasse und der Sozialdemokratie der »neuen Mitte« waren die elementaren Bindungen von einst mindestens lose geworden, weithin auch gerissen. So haben die Sozialdemokraten in den Souterrains der Gesellschaft auch am stärksten seit 1998, seit der Kanzlerschaft Schröders, an Boden verloren. Zwischen 1998 und 2005 büßte die SPD bei den Arbeitern und Arbeitslosen ca. 13 Prozentpunkte ein, weit mehr als bei Beamten und Angestellten. Dagegen konnte die SPD den Bestand bei den Selbständigen in diesen Jahren gravierender Wählererosion nahezu behaupten. Bei den Landtagswahlen im Januar 2008 gewann die SPD bei den Beamten in Niedersachsen und Hessen 5,4 bzw. 17 Prozentpunkte hinzu. In Hessen erzielten die Sozialdemokraten bei Hochschulabsolventen ein Plus von 14 Prozentpunkten.

Man muss kein Freund der Agenda 2010 sein, um daher einzusehen, dass die neuen Sozialdemokraten des Jahres 2009 nicht mehr »alte SPD« spielen können, zumal der Regisseur jenes Stücks längst auf einer anderen Bühne die Szenerie bestimmt. Vor allem: Für eine Kehrtwende hat sich die SPD – sozial, personell, programmatisch – zu sehr und unter allzu großen Schmerzen verändert. Die gewandelte SPD ist jetzt eine gemäßigt soziale, gemäßigt linksliberale, gemäßigt kosmopolitische Partei der gemäßigt halblinken Mitte der deutschen Gesellschaft. Und diese beruflich angespannte, außerordentlich ergebnisorientierte Mitte erwartet keine sentimentale Sozialismusrückschau; sie will durch handfesten Realismus ihre Interessen vertreten sehen. Die Schröder- und erst recht die Post-Schröder-Partei ist zur politischen Agentur dieser ressourcenstarken Arbeitnehmer in der Mitte der marktförmig strukturierten Wissensgesellschaft geworden. Dagegen ist die SPD zu einer robusten antikapitalistischen Strategie, zu einem harten Konflikt mit den bürgerlichen Globalisierungseliten weder fähig noch willens. Insofern sollte sie auch erst gar nicht so tun, als könne sie das jemals sein oder werden.

Man muss auch kein Sympathisant von Schröder und Müntefering sein, um gleichwohl die eisenharte Anstrengung der beiden respektabel zu finden, die traditionelle und fatale Kluft in ihrer Partei zwischen Phrase und Praxis zu schließen, Rhetorik und Tun zu synchronisieren. Lange galt es in der SPD anders. Der frühere programmatische Traum von einer ganz anderen, besseren, konfliktfreien Gesellschaft blamierte jede Regierungspraxis, ließ die exekutiven Anstrengungen – gleichviel ob unter Philipp Scheidemann, Hermann Müller, Willy Brandt, Helmut Schmidt oder zuletzt Gerhard Schröder – als ungenügend erscheinen. Das führte über etliche Jahrzehnte zu dem chronischen sozialdemokratischen Frust, das produzierte regelmäßig parteipolitische Neubildungen und Abspaltungen, die sich aus der sozialdemokratischen Differenz von transzendentalen Zukunftsversprechen und damit nicht kompatibler Alltagspolitik ihr Gründungsfutter holten.

Die SPD hat somit den soziologischen und ideologischen Wandel hinter sich. Sie muss es sich nur noch eingestehen und dazu auch selbstbewusst bekennen. Insofern war es geradezu Harakiri, sich die Zielprojektion des »Demokratischen Sozialismus« auf dem letzten Parteitag abermals und fast triumphalistisch ins Programm zu schreiben. Denn schließlich: Die SPD ist alles andere als eine Partei irgendeines Sozialismus; in ihrer gouvernementalen Praxis ist sie entschlossener Gegner und Feind jedweden sozialistischen Prinzips in der Gesetzgebung. Die Partei, in deren Regierungszeit die »Ich-AG« die Kollektivität programmatisch ersetzte, glaubt nicht an historische Subjekte und geschichtliche Endziele, an den Mythos der Arbeiterklasse, an einer radikal alternativen Form der Produktion, Verteilung, Planung. Die Sozialdemokraten vertreten nicht mehr die Verdammten dieser Erde. Sie sind nicht mehr Gegner der bürgerlichen Gesellschaft. Das könnte die SPD im Grunde ehrlicher, ja homogener machen. Aber das fällt ihr nach wie vor schwer.

Fasst man so das gegenwärtige Dilemma der deutschen SPD zusammen, so ist es ausgerechnet die gelungene Teilemanzipation ihrer Kerngruppe aus der früheren Facharbeiteraristokratie, die den Sozialdemokraten ihre Aura und ihren Antrieb genommen hat. Denn der sozialdemokratische Reformismus war zumindest für diese Elite der Facharbeiterschaft in der Glanzzeit des Wohlfahrtsstaats und der Bildungsexpansion außerordentlich erfolgreich. Diese Gruppe hat viel von dem erreicht, worum es dem Sozialismus letztlich ging: um materiellen Wohlstand, Beteiligung an Bildung und Kultur, Partizipation in der Bürgergesellschaft, Aufstieg durch Leistung. Dadurch aber ist sie in das Zentrum der bürgerlichen Gesellschaft hineingestoßen. Sie hat es gewissermaßen geschafft, fürchtet aber, wie neue soziale Mitten historisch meist, zu verlieren, was sie mühselig erworben hat. Es geht ihr, wie insbesondere die Studien moderner Milieuforschung seit Jahren zeigen, gar nicht mehr um weiteren Aufstieg, erst recht nicht um weitere Visionen, es geht ihr um Stabilisierung des labilen Status, um Sicherung der jederzeit prekären Position – auch und keineswegs zuletzt gegen Ansprüche von »unten«.

Und insofern ist die SPD, als Partei dieser Mitte, natürlich auch keine linke, gar sozialistische Bewegung mehr, befindet sich vielmehr im Herbst ihrer Geschichte als Partei der sozialen und ökonomischen Demokratie. Als Interessensformation einer »neuen Mitte« wird sie im 21. Jahrhundert nicht mehr die Partei sein, die sie war, als sie im 19. Jahrhundert gegründet wurde. Doch auch die neuen Unterschichten des 21. Jahrhunderts haben wenig mit den qualifizierten und disziplinierten Industriearbeitern der 1870er bis 1970er Jahre zu tun. Auch sie werden sich ebenfalls umstellen müssen, da sie ein verändertes Prinzip und eine neue Aktionsstruktur politischer und gesellschaftlicher Wirksamkeit benötigen. Wahrscheinlich wird das »neue Unten« des 21. Jahrhunderts dann auf die überkommenen Formationen der Arbeitnehmeraristokratie aus der Hochzeit der Industrialisierung nicht als Bündnisgenosse, sondern als neuer Gegner treffen. Denn es haben sich zwei ganz verschiedene Kulturen und Lebenswelten im früheren sozialdemokratischen Potenzial ausgebildet. Deren Interessen fügen sich keineswegs selbstverständlich. Die sozialdemokratische Solidarität beruhte stets auf Reziprozität: Die einen gaben den anderen, weil sie erwarten durften, die Zuwendung bei nächster Gelegenheit wieder zurückzuerhalten. Doch das »neue Unten« der Globalisierung, die »Entbehrlichen« und »Verlorenen«, kann und wird nichts zurückgeben. Das könnte die sozialdemokratische neue Mitte, die fleißigen wie verunsicherten Einzahler in den Steuerstaat, durchaus zur Aufkündung sozialstaatlicher Transfers nach unten bewegen.

Die Geschichte kennt viele solcher Umschläge von Funktion und Ziel sozialer Gruppen und Bewegungen. Doch ein bisschen Wehmut bleibt schon.

IV. Machen nur noch Spinner mit?

Worin liegt nun die gegenwärtige Kalamität der Volksparteien? Sie sind finanziell gut ausgestattet. Ihr Einflussspektrum ist weit gefächert. Und dennoch sind sie labil, sind mehr Getriebene als politische Antreiber. Der Kern des Politischen ist den Volksparteien abhanden gekommen. Das hat sie kraftlos gemacht. Präziser: Die Volksparteien haben ihren spezifischen Ethos verloren. Ihnen fehlen kreative Programmatiker, die neu über die Sinnfrage und Zielperspektive des politischen Tuns nachdenken. Sie führen keine scharfen inhaltlichen Kontroversen auf der Seite profilierter Flügel mehr, in denen nachwachsende Eliten politische Härte und argumentativen Schliff gründlich lernen könnten. Und schließlich gibt es in nahezu allen Parteien nicht mehr den politischen Anführer, für den sich jugendliche Prätorianergarden begeistert schlagen, der den ideellen Urstoff seiner Partei kennt, aus ihm die zwei neuen entscheidenden Botschaften formt, die die Partei nach vorne bringen und die über bloße Integration hinaus auch Identifikationen schaffen und Bindungen herstellen.

Politik ohne Kern

Vor allem: Wo der Sinn des Politischen keine Rolle mehr spielt, da braucht darüber auch nicht gestritten zu werden. Und so haben die Volksparteien den Streit jenseits der üblichen Personalrivalitäten eingestellt. Die innerparteilichen Flügel von ehedem – die ja keineswegs nur Disput, sondern vor allem auch den inneren Reichtum an Lebenswelten, Persönlichkeiten und Ideenvielfalt bedeuteten – haben weitgehend an Bedeutung verloren, sind überwiegend lediglich Quoteninstrumente für Personalentscheidungen. Foren für die politische Klärung und die harte Kontroverse sind sie nicht mehr. Denn auch das gilt seit den Verdikten der Allensbacher Demoskopie als Dogma: Auseinandersetzungen schätzt das Publikum nicht; gewählt wird allein die Partei, die geschlossen auftritt. Das mag so sein. Aber es entzieht den Parteien ihren politischen Stoff, höhlt ihre Substanz aus. Und es schwächt die Elitenreproduktion. Denn geeigneter Führungsnachwuchs entsteht nicht in einer von Konflikten stillgelegten Struktur, nicht in einer von oben disziplinierten Partei. Instinktsichere, durchsetzungsfähige *und* inhaltlich profilierte Politiker sozialisieren sich in der diskursiven Feldschlacht, nicht in einminütigen gefälligen Statements vor der Kamera.

Andererseits: Die Führungsqualitäten der Parteieliten in kooperativen Bündnissen – und auf die läuft es in hochfragmentierten Parteiensystemen immer mehr hinaus – definieren sich in erster Linie durch Moderation, Abstimmung, Anpassungsfähigkeit, geschmeidigen Opportunismus, Prinzipienindifferenz, durch die Attitüde des Nicht-Politischen (vgl. Mair 2006: 25ff.). Das hat zur Konsequenz: Die parlamentarischen Anführer in Breitbandregierungsbündnissen werden noch farbloser sein, werden noch weniger Kanten und Biss aufweisen, als es schon jetzt der Fall ist. Es fiel auf, dass bei den Regierungschefs in Europa des Jahres 2008, von Finnland bis Portugal, fast ausnahmslos der Typus des unscheinbaren Nicht-Charismatikers dominierte, von Matti Vanhanen über Anders Fogh Rasmussen, Fredrik Reinfeldt, Jan Peter Balkenende, Alfred Gusenbauer, Yves Leterme, Gordon Brown, Francois Fillon, José Louis Rodríguez Zapatero bis zu José Sócrates. Das allerdings wird zugleich das Wählerbedürfnis nach dem klassischen Typus des Kämpfers, Tribunen und Charismatikers – zuletzt in Italien durch den erneuten Wechsel von Prodi zu Berlusconi – massiv anheben, da ein Überangebot an Konvergenz den Bedarf nach Divergenz fördert. Anders formuliert: Gerade zersplitterte Parteiensysteme haben einen hohen Bedarf an Ausgleichsfähigkeit, die wiederum – je stärker sie entwickelt ist – in der Bevölkerung durch den anschließenden Überdruss an allein moderierenden Charakteren die Nachfrage nach Figuren mit Ecken und Kanten, nach einer Politik mit Kontur und Konflikt erhöhen wird, der im politischen System Deutschlands schwer zu befriedigen ist. Politiker in Deutschland müssen in ihrer Funktion als *Kooperationstechniker* Fähigkeiten in der Moderation beweisen, beim Kompromiss und Ausgleich. In ihrer Aufgabe als parteipolitische *Wahlkampfagitatoren* aber haben sie sich als Polarisierer und Polemiker zu profilieren. Es ist tatsächlich alles andere als einfach, bei dieser Rollenrochade noch so etwas wie Authentizität auszustrahlen.

Zumal: Wo es keine kräftigen Flügel gibt, da wirkt auch moderierende Führung lediglich unentschieden und unentschlossen. In scharf polarisierten Parteien ist Integrationsleistung der Parteiführung eine hohe politische Kunst. Man braucht dazu friedensstiftende Fähigkeiten, das Vertrauen der verschiedenen innerparteilichen Lager, die Fähigkeit zur Balance und Bündelung und den Sinn für den einen strategischen Punkt, auf den man die Partei als Ganze orientieren und in die Kampagne bringen kann. Adenauer, Kohl und Brandt waren in ihrer besten Zeit solche Parteiführer. Ihre Nach-Nachfolger sind es zumindest erheblich weniger. Auch wegen dieses Defizits an politischer Führung wirken die Volksparteien so kraftlos, auch deshalb tun sie sich so schwer, Anstöße vorzugeben, Richtungen zu beschreiben. Seit über 30 Jahren ist aus den Parteiendiskussionen keine originelle Idee mehr hervorgegangen. Originäre Reflexionen gedeihen an anderen Orten und sie erreichen die Volksparteien jeweils erst dann, wenn ihre Zugkraft bereits erschlafft. Intellektuelle Pioniere mit wurzeltiefen Überzeugungen also sind die Parteien nicht. Auch darum geraten sie bei jedem medialen Wind sofort aus den Fugen.

Parteien büßen so an Führung und Führungskraft ein, die sie in ihren guten Jahrzehnten durchaus noch besaßen. Veritable Führung reduziert sich keineswegs auf das bloße Management der Komplexität. Führung bedeutet ebenfalls die frühe und rechtzeitige Antizipation von Problemen, einen Begriff von Zukunft – und den konzeptionellen Entwurf dafür. Führung darf sich auch nicht auf die Spiegelung von Mehrheitsstimmungen beschränken. Politische Führungstechniken und starke – eben sinnträchtige – Überzeugungen gehen eng zusammen. Aber umgekehrt gilt auch: Das Defizit an Sinn unterminiert zugleich die Voraussetzungen politischer Führung. Der Sinnverlust ist der Ausgangspunkt für die mögliche Implosion der Volksparteien.

So sind die Parteiorganisationen in einem Zustand der Apathie. Als irgendwie lebendig wird sie jedenfalls wohl kaum noch jemand bezeichnen (vgl. Mielke 2007). Alle Profis des Politischen wissen es nur zu gut, in welch deprimierendem Zustand die Parteiorganisationen dahindämmern. Seit 1990 haben die Parteien insgesamt ca. 40 Prozent ihrer Mitglieder verloren. In den beiden Volksparteien bilden die über 60-Jährigen nahezu die Hälfte des Organisationsbestandes (vgl. Wiesendahl 2006). Deren gelernte Hinterzimmerkultur wirkt auf jeden, der darin nicht groß geworden ist, denkbar abschreckend. Die politischen Figuren, die sich gleichwohl in diesem Ambiente wohlfühlen und es weiterhin lieben, bei einigen Gläschen Schnaps und mehreren Krügen Bier zu kungeln und zu konspirieren, haben mittlerweile die Aura von introvertierten Cliquen oder Clans, erscheinen nicht als basisnahe Vertreter intakter und offener Lebenswelten. Allerdings: Neu ist solcherlei Kritik nicht. Schon 1958 charakterisierte der Freiburger Politologe und CDU-Mann, Karl-Friedrich Kindler, diese Stimmungslage:

»So lösen die Begriffe Partei, Parteipolitik und Parteipolitiker automatisch eine Fülle ausgesprochen negativer Assoziationen aus: Einseitigkeit der Sicht und des Urteils, [...] Einfallslosigkeit und Immobilität, Ideearmut und Borniertheit, Irreführung des harmlosen Volkes und ahnungsloser Mitglieder durch hermetisch sich abschließende Führungsoligarchien.« (Kindler 1958: 113)

Bundestagsabgeordnete jedenfalls stöhnen geradezu, wenn sie in den sitzungsfreien Wochen durch ihre Ortsvereine tingeln müssen, dort, wo sie oft genug auf eine traurige Truppe von zehn bis fünfzehn Leuten stoßen, die von nicht ganz wenigen Politikern gern, natürlich ganz ungerecht, mitunter auch ein bisschen feige – »zitieren dürfen Sie mich aber nicht« – als »Bekloppte« und »Vereinskrauter« bezeichnet werden. In seinem klugen Roman »Nicht die ganze Wahrheit« lässt Dirk Kurbjuweit den (fiktiven) Fraktions- und Parteivorsitzenden Leo Schilf an seine Geliebte, eine sozialdemokratische Bundestagsabgeordnete, mailen:

»Ich habe das Reden gelernt, doch die Angst davor bin ich nie losgeworden. [...] Ich will nicht angeschaut werden, ich will nicht angefasst werden, ich will nicht da sein für all die Unvermeidlichen, ich will nicht, dass sie sich an mir bedienen können mit gierigen Blicken und feuchten Händen. Ich will nicht in all diesen Fotoalben verewigt sein mit dicken Kindern und problematischen Leuten, die sich an mich schmiegen, die mir ihren Geruch aufdrängen und ihre Probleme. Ist dir schon mal aufgefallen, dass so viele problematische Leute zu unseren Versammlungen kommen? Ein Drittel Spinner.« (Kurbjuweit 2008: 111f.)

Allerdings: Die Anstrengungen zur Reform der ausgelaugten, auch kulturell sklerotischen Parteiorganisationen blieben stets begrenzt, wurden nie sehr zielstrebig, zäh und mit Verve betrieben. Zwar hatten sich CDU/CSU wie SPD im letzten Vierteljahrhundert einige Kommissionen zur Modernisierung und Öffnung der eigenen Parteien zugelegt, aber zur Herzensangelegenheit der Granden wurden die dort vorgeschlagenen Projekte nie. Schließlich ließ es sich mit einer politisch erschlafften, ausgedörrten Basis kommoder aushalten als mit hoch vitalen, selbstbewussten, eigensinnigen und nach Beteiligung drängenden Aktivisten in der Fläche. Quer- und Seiteneinsteiger, Parteiplebiszite, Urwahlen – dergleichen wurde oft propagiert, zuweilen in Momenten höchster Ratlosigkeit auch kurzfristig improvisiert, aber als neue Methode veränderter Personalrekrutierung und innerparteilicher Demokratie nie stringent und ernsthaft verfolgt. Neu aber ist diese Veränderungsscheu nicht; und sie ist auch keineswegs allein auf die Parteieliten zurückzuführen. Was die Modernisierung

»der Partei verhindert«, so Maurice Duverger bereits vor über 50 Jahren, »ist eher viel weniger der Widerstand der höheren Leiter als der von unten. In den Ortsgruppen liebt man neue Gesichter nicht, vor allem aber nicht einen raschen Aufstieg. [...] Hier spielen die Anhänglichkeit an die vertrauten Gesichter und der fundamentale Konservatismus der Massen eine Rolle.« (Duverger 1959: 174f.)

Überdies, Parteien haben es nach außen zunehmend mit Menschen zu tun, die sich oft weniger als (Staats-)Bürger denn als Kunden verstehen. Doch auch diesen Trend haben gerade die Volksparteien durch Marketingstrategien und Klientenpräsentation noch verstärkt. Der Bürger als Kunde aber muss sich nicht mehr aufgefordert fühlen, aktiv und selbstverantwortlich an den öffentlichen Angelegenheiten mitzuwirken. Er schaut sich lediglich in den Regalen des politischen Angebots um, wählt aus, was seine Konsumbedürfnisse rasch und preiswert befriedig. Allein, der Zeitrhythmus von Kunden und Verbrauchern ist ein anderer als der guter Politik. Sobald jene ihre Bedürfnisse – gleichsam mit Mausklick – äußern, erwarten sie auch die sofortige Bedürfnisbefriedigung durch prompte Offerte. Solide Politik ist indessen notwendigerweise an lange Fristen gebunden, gewissermaßen auf das Vermögen zum Aufschub angewiesen. Problemfindung, Erörterung, Bündnissuche, Konfliktaustragung, Konsensherstellung und Ausgleich dauern. Der Bürger als Kunde aber will oft genug nicht lange warten – und liebt statt dessen die Pose der »Chefsache«, der »Bastasprüche«, der »Machtworte«, was Parteien und Politiker dann, wider besseres Wissen vom komplizierten Prozedere ihres Tuns, gerne bedienen. Und Politik wird zufälliger, worauf Otto Kirchheimer früh schon hingewiesen hat: Wenn Parteien die Wähler vorwiegend als Kunden und bloße Marktteilnehmer betrachten, wenn diese

»Wählerschaft in ihrer Mehrheit aus Individuen besteht, deren Verhältnis zur Politik oberflächlich und nicht von Dauer ist, dann ist die Zahl der Faktoren, die das endgültige Wahlergebnis entscheiden können, fast unendlich groß, und sie stehen oft in keiner Beziehung zur Leistung der Partei. Der Stil und die Erscheinung des Parteiführers; der Einfluss eines Ereignisses, das in keinem Zusammenhang mit der Politik des Landes steht, die Ferienordnung, der Einfluss des Wetters auf die Ernte: solche und ähnliche Faktoren sind mitbestimmend für das Wahlergebnis.« (Kirchheimer 1965: 34)

Sehr konsistent sind die Erwartungen der Kunden-Bürger nicht an das Politische. Leicht haben es die Politiker der Volksparteien dadurch in der Tat nicht: Sie sollen ihr Geschäft nicht wie Amateure betreiben, aber puren Professionalismus nimmt man ihnen auch übel. Sie sollen führen und vorangehen, aber doch auch sensibel auf die Basis hören. Sie sollen keine Populisten sein, aber doch nicht an der Stimmung des Volkes vorbeiagieren. Sie sollen stets in ihrem Wahlkreis ansprechbar sein, aber auch als renommierte Parlamentarier und Stars auf der Berliner Bühne republikweit bekannt sein. Man wünscht von ihnen Empathie, verlangt zugleich entschiedene Härte.

Auch deshalb schmilzt seit den späten 1970er Jahren der Mitgliederbestand im deutschen Parteienwesen kontinuierlich ab. Man hat das – wie auch der Verfasser in dieser Schrift – oft beklagt. Man hat mit Recht darauf hingewiesen, dass Demokratien auf vitale Parteien angewiesen sind, auf engagierte Menschen, die zwischen der Gesellschaft unten und dem Staat oben vermitteln. Denn wer in Parteien eine längere Zeit aktiv mitwirkt, lernt, wie kompliziert und oft langwierig ein Aushandlungsprozess zwischen verschiedenen Gruppen ist – ja: sein muss. Bürger mit diesem Erfahrungshintergrund pflegen einen Kompromiss nicht verächtlich als Kuhhandel zu denunzieren. Auf populistische Vereinfacher fallen sie so schnell nicht herein.

Insofern sind die Mitgliederverluste in der Tat ein Alarmzeichen. Aber – auch diese Perspektive soll nicht ausgeblendet werden – sie sind nicht unbedingt ein Menetekel. Denn Parteien hatten oft genug dann einen rasanten Zulauf von neuen Mitgliedern verzeichnet, wenn die Zeitumstände gefährlich überspannt waren. Die Sozialdemokraten wurden im 19. Jahrhundert zur Massenpartei, als Bismarck, die Konservativen und das nationalliberale Bürgertum sie staatlich drangsalierten. Die bürgerlichen Parteien wuchsen 1919 explosiv an, weil sie sich in der Bürgerkriegssituation vor den »Roten« fürchteten. Im Osten Deutschlands wiederholte sich das in der damaligen SBZ bei CDU und LDPD, da das Bürgertum existenziell gefährdet war. Und die CDU wurde in den 1970er Jahren zur großen Mitgliederpartei, weil die konservativen Mittelschichten Angst vor 68ern und linken Sozialisierern hatten. Kurzum: Furcht, Panik, Bedrängnis bildeten historisch einen steten Motor für den Parteibeitritt.

Dazu: Junge Leute vor allem zogen massenhaft in Parteien und

Politik, weil sie dort den archimedischen Punkt für die großen gesellschaftlichen Veränderungen vermuteten. Die 1970er Jahre waren ein Paradejahrzehnt für eine solche Überfrachtung der politischen Möglichkeiten. Die Enttäuschung darüber, dass in modernen Gesellschaften, vor allem im transnationalen Maßstab, die Machtpotenzen des Politischen keineswegs mehr so groß waren, setzte dann bald ein – und hält bis heute an.

Die geringe aktive Beteiligung an der politischen Willensbildung im Rahmen der Parteien ist deshalb gewiss immer noch zu bedauern. Aber sie ist *auch* ein Ausdruck, dass die Gesellschaft derzeit (noch) nicht in verfeindete Lager zerfallen ist und nicht alles Heil von einer politischen Fundamentallösung erhofft. Das mag den einen oder anderen besorgten Beobachter ja ein wenig beruhigen.

Sei es, wie es sei. Man wird gleichwohl über die Rolle und Funktion der Volksparteien zu diskutieren haben, über ihre Fähigkeit zur Integration. In der zyklisch aufflackernden Parteienfinanzierungsdebatte weisen die Befürworter höherer Staatszuschüsse schließlich stets auf die immense Bedeutung eben dieser Parteien für das politische System und die freiheitliche Gesellschaft der Bundesrepublik hin. Doch haben unsere Volksparteien diese Bedeutung wirklich noch? Sind sie tatsächlich nach wie vor Vermittler zwischen den Lebenswelten unten und der parlamentarisch-gouvernementalen Arena oben? Vermitteln die Volksparteien weiterhin Orientierung; formulieren sie frühzeitig richtungsweisende Ziele, verfügen sie über ordnende Maßstäbe, stiften sie Zusammenhalt, bilden sie die künftigen politischen Eliten systematisch und qualitativ exzellent aus? Verhilft die Mitarbeit in Ortsvereinen und Kreisorganisationen zu mehr politischen Informationen, bewirkt sie eine höhere Qualifikation, befähigt sie zu ergebnisorientierter Partizipation? Spiegeln, repräsentieren und formen sie die soziale Heterogenität und kulturelle Erfahrungsvielfalt moderner Gesellschaften – und vergemeinschaften sie zugleich durch Prinzipien, Werte und Gesinnung? Sind sie politische Scouts in der gesellschaftlichen Unübersichtlichkeit?

Jeder weiß: Volksparteien sind nicht mehr so. Im Grunde hat sich schon jetzt der Parteienwettbewerb substanziell entpolitisiert. Zwar rangeln weiterhin Cliquen und Clans in abgeschotteten Subsystemen gegeneinander, aber kaum noch soziale Lebenswelten mit unterschiedlichen Entwürfen für eine gute Politik und Gesellschaft. Für Parteien dieses Typs wurde schon vor 50 Jahren der Begriff der »catch all party« kreiert (Kirchheimer 1965: 20ff.). Eine solche Partei habe sich, so Otto Kirchheimer, unter den Bindungen säkularisierter Einstellungen und allgemein zugänglicher Konsumgüter von den früheren Klassen- oder

Konfessionsgrundlagen fortbewegt. Dieser neue Typus zeichne sich aus durch: a) »radikales Beiseiteschieben der ideologischen Komponenten«, b) »weitere Stärkung der Politiker an der Parteispitze«, c) »Entwertung der Rolle des einzelnen Parteimitglieds«, d) »das Streben nach Verbindung zu den verschiedenen Interessenverbänden« (Kirchheimer 1965: 32). Doch kam der früh prognostizierte Trend zur »Allerweltspartei« zunächst zum Erliegen (von Beyme 2000). Spätestens aber seit den 1990er Jahren hat die Entwicklung zur Allerweltspartei wieder rasant an Tempo gewonnen. Allerweltsparteien fehlen gesellschaftliche Wurzeln, intellektuelle Ambitionen; die Choreografie von Möglichkeiten jenseits dessen, was gerade ist.

Sind Parteien dieses Charakters aber nicht eigentlich überflüssig?

V. Die Bürgergesellschaft – Alternative zum Parteienstaat?

Könnte infolgedessen vielleicht die viel zitierte »Bürgergesellschaft« die Zukunftsalternative zum kränkelnden Parteienstaat der Industriegesellschaft bilden? Jedenfalls: In Zeiten leerer öffentlicher Kassen wurde vor einiger Zeit die Laudatio auf die Bürgergesellschaft zum Obligatorium erhabener Fest- und Feiertagsansprachen der bundesdeutschen politischen und reflexiven Klasse.

Stille Revolution?

Verständlich. Denn das Epos von der Bürger- oder Zivilgesellschaft ist unzweifelhaft eine wunderschöne große Erzählung, von einer ähnlichen Selbstüberzeugung durchdrungen wie die großen Ideologien des 19. und 20. Jahrhunderts, dabei aber doch sehr viel humaner, ziviler, republikanischer und dadurch rundum sympathisch. Zwar hat man in den letzten Jahren oft lesen können, dass die Zeit der »großen Erzählungen« vorbei sei. Doch das Drehbuch der Bürgergesellschaft ist ganz nach dem Muster eines solchen Narrativs verfasst. Es kennt das Böse: Den gängelnden Staat. Es kennt die Pioniere der Befreiung: Die Bürgergruppen, Selbsthilfeinitiativen, Nachbarschaftshilfen etc. Und es kennt das gelobte Land: eben die Bürgergesellschaft.

Und doch sollte man auch bei dieser sicher freundlichen Erzählung den Imperativ der Skepsis und der prüfenden Distanz nicht gänzlich beiseite lassen. All die neuen und alten bürgergesellschaftlichen Initiativgruppen, Selbstorganisationen und Assoziationen sollen künftig den intermediären Raum zwischen Privatsphäre und Staat füllen, den die Parteien zugunsten ihrer Etatisierung mittlerweile verlassen und dadurch freigegeben haben. Dabei berufen sich die Künder der Bürgergesellschaft gern und durchaus mit Recht auf den großen Demokratietheoretiker des frühen 19. Jahrhunderts, Charles Alexis Henri Clerel de Tocqueville, für den die freiwillige Organisation der Bürger die Voraussetzung und die Substanz schlechthin einer freiheitlichen Gesellschaft war (Tocqueville 1987). Was zur Zeit von Tocqueville plausibel war, muss nach bürgergesellschaftlicher Überzeugung erst recht für den Beginn des dritten Jahrtausends gelten. Schließlich hat sich das gesellschaftliche Fundament für bürgergesellschaftliche Eigenaktivitäten, hat sich die Zahl der zur autonomen Selbstorganisation befähigten Bürger seither drastisch verbreitert und vergrößert. Vor allem die Bildungs- und Wissensrevolution seit den 1960er Jahren hat viele Menschen kompetenter, selbstständiger, eigenverantwortlicher gemacht. Allein im letzten Vierteljahrhundert hat sich die akademische Bildungsschicht in Westeuropa etwa verdoppelt. In ihren Berufen arbeiten die Angehörigen dieser Schicht in Teams und Projekten; sie agieren dort kritisch, kommunikativ und kreativ. Und wer im Erwerbsleben kooperativ und partizipatorisch handelt, der ist dazu auch im zivilen Leben, in der Freizeit und im sozialen Kontakt in der Lage, der ist fähig und willens, Teil zu haben an der Regelung des Gemeinwohls. So jedenfalls lautet die gewissermaßen mathematisch-soziologische Formel bürgergesellschaftlicher Vordenker: Bildung gleich Kompetenz gleich Partizipation gleich bürgergesellschaftliches Engagement.

Das klingt gewiss nicht unlogisch, wirkt überdies faszinierend und malt die Zukunft der Demokratie in hellen Farben. Auch Politiker mögen daher die Bürgergesellschaft. Es gibt wahrscheinlich keine Landesregierung in Deutschland mehr, in der nicht mindestens ein Fachreferent für bürgergesellschaftliches oder ehrenamtliches Engagement zuständig ist. Das hat natürlich nicht so sehr mit einem jäh ausgebrochenen partizipationsdemokratischen Impetus höherer Regierungsräte, sondern eine Menge mit den Nöten knapper Kassen der öffentlichen Hände zu tun. Was die Bürger selber regeln, muss der Staat nicht mehr bezahlen. Die Bürgergesellschaft also entlastet den Staat, der sich in den 1960er und 70er Jahren wahrscheinlich weit überfordert hat. Des Weiteren sind bürgergesellschaftliche Initiativen und Zusammenschlüsse oft Signale für neue soziale Probleme, mit denen die Politik zu tun bekommt. Insofern ist Bürgergesellschaft ein Frühwarnsystem für Demokratien, die so auch nach der Erschlaffung und Verstaatlichung der Parteien ihre Elastizität, Korrektur- und Veränderungsfähigkeit, im Politologenjargon: ihre Responsivität bewahren können. Und schließlich aktiviert die Bürgergesellschaft die Menschen. Sie trotzt damit der allgegenwärtigen Tendenz zur Zuschauerdemokratie, in der nörgelnde Angebotskonsumenten sich passiv durch die Programme zappen, statt aus ihrem Sessel zu kommen und sich mit eigenem Elan einzumischen. In der Bürgergesellschaft gilt also der Akteur, der mitmacht, nicht das Publikum, das lediglich zusieht und sich unterhalten lässt.

Indes: Man kann mit einigen guten Gründen schon an der empirischen Verlässlichkeit dieser soziologisch-mathematischen Formel vom Anstieg der Partizipation durch Mehrung von Bildungsabschlüssen und Eigenständigkeit zweifeln (Putnam 2000). In den 1970er und 80er Jahren schien die Gleichung noch evident. Es waren dies die Jahrzehnte, in denen Ronald Inglehart Furore machte, da sein Topos von der »Silent Revolution« sich auch alltagskommunikativ verallgemeinerte. In diesen beiden Jahrzehnten konnten er und seine Epigonen schlüssig wirkende Daten dafür liefern, dass die Expansion der Bildungsabschlüsse mit postmaterialistischen Einstellungen und wachsender Partizipation einherging. Doch dann aber, Ende der 1980er Jahre, riss diese Kausalkette jäh ab. Der Zauber der stillen Revolution verflog; es kehrten seither anhaltend die klassischen Brot-und-Butter-Themen zurück; die Zahl der sogenannten Postmaterialisten schrumpfte während der 1990er Jahre in einem atemberaubenden Tempo. Im Grunde brauchte man zu dieser Einsicht nicht erst umständlich erhobene Belege aus breit angelegten und teuren drittmittelfinanzierten Forschungsprojekten. Es reichte der gleichsam ethnologisch geübte Blick eines von dogmatisierten Methoden nicht entsensibilisierten Sozialwissenschaftlers auf den Alltag der jungen Partizipationsgeneration der 1980er Jahre, deren Zugehörige im Laufe der 1990er Jahre in die Mitte des Lebens rückten, Kinder bekamen, im Beruf hart gefordert wurden. Das alles kostete Kraft, absorbierte Energien und minderte die Partizipationsfreude beträchtlich. Die entkräftete Partizipationskohorte der »Silent Revolution« nahm daher ungefähr mit Beginn der »Berliner Republik« mindestens eine Auszeit, die bis heute erkennbar anhält. Überhaupt: Der »gesamtgesellschaftliche« Ansatz, der diese Kohorte in ihrer Konstitutionsphase so stark geprägt hatte, ist längst ad acta gelegt. In ihrer durchaus elitären Verachtung für einen ungeistigen Hedonismus und schnäppchenjagenden Konsummaterialismus stehen Postmaterielle mehr in der langen Kontinuität des deutschen Bildungsbürgertums. Dabei zeichnen sie sich selbst durch einen hochluxuriösen Konsumstil aus: Edel essen gehen, exquisite Weine trinken, teure und weite Reisen unternehmen – das alles gehört zum distinkten Savoir-vivre. Ein bisschen maliziös könnte man die sogenannten Postmateriellen von ehedem mittlerweile auch als »Luxuskonsummaterialisten« bezeichnen. Von der alten Gesellschaftskritik ist kaum etwas übrig geblieben außer einem etwas manierierten Gestus, nicht dem vulgären Mainstream anzuhängen. Die Postmateriellen sind von einem Protestmilieu zum Statusmilieu einer »entre-nous-Haltung« »mit scharfen sozialen Differenzierungen, beispielsweise gegen Ästhetik-Banausen [...] oder auch mal gegen die Unterschichten« (vgl. Sinus Trendforschung 2008: 42) mutiert. Wer nach den Gründen für die politische Domestizierung der »Grünen« fragt, findet in der neuen Befindlichkeit ihrer Kernanhänger ein weites Feld von Antworten.

Projekt arrivierter Mittelschichten

Seit einer ganzen Zeit ist überdies ein anderer Typus im Vormarsch, den die Werteforscher als Hedonisten oder Konsummaterialisten, einig auch kurz und verknüpft als »Hedomats«, bezeichnen. Der Hedomat kümmert sich nicht um die öffentlichen Angelegenheiten; er hält nichts von Mitwirkung, Teilhabe, sozialem Engagement. Er ist konsumorientiert, will das schnelle Geld verdienen und es schnell auch wieder ausgeben. Er ist natürlich jung und insofern sehr modern, ziemlich zeitgeistig, ein veritabler Zukunftstypus. Für Politik interessiert er sich selbstverständlich nicht. Nur wenn es schlecht läuft, für ihn, sozial und ökonomisch, dann beginnt er zu maulen und zu motzen. Mit ihm, dem »Hedomat«, wird es sicher schwierig, eine Bürgergesellschaft zu begründen.

Und schließlich ist da noch die Individualisierung und Ökonomisierung, die die Gesellschaft seit einigen Jahren mehr und mehr durchformt. Man mag das gar nicht gerne schreiben, man hat das schon zu häufig gehört und gelesen; es klingt infolgedessen leerformelhaft, abgenutzt, nach biedersinniger Kulturkritik. Aber ganz falsch ist es dennoch nicht. Natürlich haben die Leitprinzipien der neuen Ökonomie – Beschleunigung, Mobilität, Flexibilität – ein gutes Stück des überlieferten »Sozialkapitals« aufgezehrt. Praktizierter Gemeinsinn etwa erfordert Zeit. Wer indes jeden Tag rastlos durch das Land oder zwischen den europäischen Finanzmetropolen hin und her jettet, kann vielleicht – wenn er ein guter Mensch ist – für dieses oder jenes spenden oder – wenn er um sein Image bedacht ist – das eine oder andere sponsern, aber für verbindliche bürgergesellschaftliche Aktivitäten fehlt ihm die Zeit. Wahrscheinlich braucht Gemeinsinn nicht nur Zeit, sondern dazu auch einen festen Ort, braucht Erfahrung, braucht

Vertrauen. Das alles lässt sich nur in dauerhaften, stabilen, konstanten Strukturen und Räumen herstellen, die der flexible und mobile neuökonomische Mensch längst und unwiderruflich hinter sich gelassen hat.

Nun wird es genug Theoretiker der Bürgergesellschaft geben, die dergleichen Bedenken für übertrieben und im Übrigen für ganz konservativ halten. Man wird bei dieser Gelegenheit in der Regel darauf verwiesen, dass die Zahl der Ehrenamtlichen in Deutschland keineswegs zurückgegangen sei. »36 % aller Bürgerinnen und Bürger ab 14 Jahren engagieren sich freiwillig«, pflegt etwa die Bundesministerin für Familie, Senioren, Frauen und Jugend, Ursula von der Leyen, gern zu referieren (Gensicke 2005: 3).

Ebenso gern wird in diesem Zusammenhang von einem »Strukturwandel des zivilen Engagements« (Brömme/Strasser 2001: 6) oder einem »Wandel der Organisationsgesellschaft« (Wollebaek/Selle 2003) gesprochen, was dann häufig unter dem Rubrum der »neuen Ehrenamtlichkeit« gefasst ist (Dorner/Ludgera 2001). In der Tat ist der Perspektiv- und Paradigmenwechsel bemerkenswert. Eine in ihrem Umfang und ihrer Orientierungskraft einflussreiche Definition der »neuen Formen« der Partizipation liefern Stolle/Hooghe (Stolle/Hooghe 2004). Die neuen Beteiligungsformen zeichnen sich demnach dadurch aus, dass sie, erstens, sich von traditionellen – also formellen wie bürokratischen – Organisationsstrukturen lösen und horizontalere, flexiblere Konstituanten präferieren, dass sie sich, zweitens, weniger auf institutionelle Angelegenheiten – wie zum Beispiel Parteien, Politik, Gewerkschaften – einlassen; dass sie, drittens, die Mobilisierung für spezifische Ziele eher spontan, irregular, rhapsodisch, noch stärker als die klassischen sozialen Organisationen und Bewegungen emotional betreiben (»new, more emotional – driven forms – of protest and mobilization«); dass sie, viertens, in ihrem Charakter weniger verbindlich kollektiv- und gruppenorientiert sind, daher die Partizipation dort zumeist individualisiert vonstatten geht (vgl. Klages 1999a, Klages 1999b: 47, Kühnlein/Böhle 2002).

Allein: Robert Putnam bleibt mit guten Gründen skeptisch. Die neuen Formen des Engagements, so der Harvard-Soziologe, erwiesen sich häufig zwar als »more liberating«, aber gleichzeitig als »less solidaristic«, und repräsentieren eine Art Privatisierung des Sozialkapitals (Putnam 2002: 412). In der Tat: Die »neuen Ehrenamtlichen« sind im Unterschied zu den Altehrenamtlichen aus Arbeiterwohlfahrt und Caritas sehr viel diskontinuierlicher, rhapsodischer, launischer bei der Sache. Sie machen soweit mit, solange ihnen das ganze Spaß bereitet; sie sind im Übrigen aber weitaus weniger belastbar, sind viel mehr an

Selbstverwirklichung als an, ja, Gemeinsinn interessiert. Das hat man gewiss nicht mit verkniffen altbildungsbürgerlicher Ehrpusseligkeit zu beklagen, aber man muss es ebenfalls nicht als grundsoliden Baustein für eine intakte Bürgergesellschaft neusoziologisch schön interpretieren. Oft hat man sowieso den Eindruck, als gebe es da eine verborgene Gemeinsamkeit zwischen marktorthodoxen Wirtschaftsliberalen und gemeinsinnigen Bürgergesellschaftern. Die Wirtschaftsliberalen glauben bekanntlich fest an die unsichtbare Hand des Marktes, die das Allgemeinwohl schon richten werde. Die Bürgergesellschafter glauben ebenso fest an die »invisible hand« des selbstorganisierten dritten Sektors, dessen Aktivitäten in der Summe Gemeinsinn und Gemeinwohl ergeben müssen. Das allerdings ist höchst zweifelhaft.

Denn am Ende aller Eigeninitiative muss nicht das wohlgeordnete Ganze, schon gar nicht das Gemeinwohl stehen. Die Addition von einzelnen Selbstorganisationen kann auch die tribalistische Gesellschaft sein, in der selbstständige Bürgerzusammenschlüsse in rivalisierender Konkurrenz mit- bzw. gegeneinander rangeln. Gemeinsinn braucht vermutlich doch zusätzlich noch so etwas wie eine spezifische Sozialmoral, einen motivierenden Ethos, eine normative Quelle, eine orientierende Weltanschauung auf das Ganze. Gewiss, das klingt furchtbar altmodisch, vermufft, nachgerade vorgestrig. Aber warum sonst eigentlich sollten Menschen, aller kollektiven Verbindlichkeiten und ethischen Verpflichtungen entledigt und allein rational-ökonomisch programmiert, gemeinschaftlich handeln, solidarisch kooperieren, sich um die Anliegen von Gesellschaft scheren?

Man vergleicht die Selbstinitiativen der Bürgergesellschaft oft mit den Organisationen der klassischen Milieus im Umfeld der früheren Weltanschauungsparteien. Doch es war gerade deren Sozialmoral, waren deren transzendentale oder innerweltliche Glaubensüberzeugungen, deren programmatische Sinnbotschaften, die diese Milieus banden und stabilisierten. Man muss diesen vergangenen Milieus nicht sentimental hinterhertrauern. Sie haben schließlich – worauf in dieser Schrift häufig hingewiesen wurde – die Gesellschaft lange ideologisch polarisiert und dadurch politisch-kulturell belastet. Aber ihr weltanschaulich gestütztes und durchwirktes Organisationsgeflecht war die Basis für die Integration verschiedener Generationen und verschiedener Klassen. Auch darüber haben wir ausführlich berichtet. Der religiöse Glaube und die kirchlichen Einrichtungen verknüpften – das sahen wir ebenfalls – im Milieu der katholischen Parteien Junge und Alte, Bauern, Bergarbeiter und Barone; die Weltanschauung und das Freizeitwesen des Sozialismus vereinten im Umfeld der Sozialdemokratie ebenfalls Jugendliche und Veteranen, Facharbeiter, Erwerbslose und jüdische Intellektuelle. Der Verlust von Sozialmoral, Weltanschauung und Glaubensüberzeugungen hat die moderne Gesellschaft zwar ideologisch pazifiziert, dabei aber sozial und altersstrukturell desintegriert. In der postweltanschaulichen Gesellschaft ist insbesondere das »soziale Unten« aus den früheren kulturellen Behausungen herausgefallen, ist politisch verwaist, ist gleichsam heimatlos geworden.

Die Bürgergesellschaft wird bei der Reintegration der Herausgefallenen, Überflüssigen, Marginalisierten kaum helfen. Vielleicht im Gegenteil. Infolgedessen kann die Bürgergesellschaft auch nicht ein entscheidendes Legitimationsproblem des Parteienstaats lösen. Wie gesagt: eher im Gegenteil. Denn Partizipation und Selbstorganisation sind keine geeigneten Instrumente zur Aktivierung und Einbeziehung des unteren gesellschaftlichen Fünftels. Vor allem die »neuen Formen des sozialen Kapitals, die Selbsthilfegruppen und modernen Initiativen entspringen, erweisen sich so als exklusiv« (Brömme/Strasser 2001). Die Bürgergesellschaft ist das Forum akademischer Mittelschichten, nicht das Terrain bildungsferner Sozialgruppen (Gabriel 2000). In der Bürgergesellschaft tummelt sich eben nicht nur der verantwortungsbewusste und selbstlos am Gemeinwesen modellierende Citoyen, hier agiert zugleich der sozial privilegierte, seine spezifischen Interessen rüde vertretende Bürger von Besitz und Bildung. Arbeiter und Erwerbslose, das jedenfalls wissen wir aus unzähligen Studien und ähnlich vielen alltagsweltlichen Erfahrungen, sind in Bürgerinitiativen, Bürgerausschüssen, Elternräten oder was auch immer kaum bzw. höchst unterrepräsentativ vertreten. Sie werden von den Mittelschichtlern mit Abitur und Hochschulabschluss an die Wand geredet und an den Rand gedrängt. »Der Grad der individuellen Einbindung in freiwilliges Engagement steht offensichtlich in einem Zusammenhang mit der sozialen Integration einer Person.« (Gensicke 2006: 12) Die unteren Schichten haben in der Diskursöffentlichkeit stets den Kürzeren gezogen, verfügen so nicht über Erfolgserlebnisse in den aktiven Partizipationsarenen und sind schon deshalb beteiligungsblockiert. Die Fähigkeit zur Partizipation ist eben gebunden an besondere Ressourcen: Sprachgewandtheit, Kompetenz, Selbstbewusstsein, Informationen. Partizipation prämiert den privilegierten Zugang zu Bildungsgütern. Bürgergesellschaftliche Partizipation verfestigt und steigert so noch die Elitenstruktur moderner Demokratien; sie konsolidiert und fördert dadurch noch die Oligarchisierung des Willensbildungsprozesses. Bürgergesellschaftliche Partizipation ist dem Vermittlungs- und Aggregierungsmechanismus der parlamentarischen Demokratie deshalb eben nicht überlegen. Im demokratischen Minimalismus der repräsentativen Demokratie, dem Wahlakt, zählt schließlich jede Stimme gleich; in der Partizipationsdemokratie der Bürgergesellschaft zählen Artikulationsfähigkeit, Rhetorik, Wissen aber mehr. Parteien und Abgeordnete müssen sich, wollen sie Wahlen gewinnen, um alle Gruppen kümmern; die Bürgergesellschaft braucht nur auf die Partizipatoren zu hören, die sich vokalisieren, organisieren, Aufmerksamkeit erzielen können. In der Bürgergesellschaft, kurzum, wird die Schere noch größer zwischen denen, die durch erfolgreiche Teilhabe eine hohe gesellschaftliche Integration und Dominanz erreichen, und jenem abgedrängten, zahlenmäßig keineswegs kleinen Rest, an dem die Entwicklung der modernen Wissensgesellschaft vorbeiläuft. »People with higher incomes, more education, and in professional or managerial positions volunteer at higher rates.« (Hodgkinson 2003: 45)

Dieses »soziale Unten« wird weiterhin erst recht angewiesen sein auf die klassischen Solidaritäten, Schutzmechanismen und staatlichen Ausgleichshandlungen. Aber gerade im liberalen Projekt der Bürgergesellschaft gibt es für all das keinen Platz mehr. In der liberalen Bürgergesellschaft sind die Großverbände des alten industriellen Zeitalters nicht mehr vorgesehen; auch der Staat wird nur noch in drastisch abgespeckter Gestalt, lediglich als diskursiver Moderator gesellschaftlicher Auseinandersetzungen, nicht mehr als selbstbewusster Interventionist und Gestalter geduldet. In der liberal definierten Bürgergesellschaft existieren allein der freie Markt und die freien Kleinassoziationen freier Bürger.

Interessanter mögen aus der Perspektive von »unten« demgegenüber die »Revitalisierungs-Vorschläge« sein, die zuletzt vor allem aus den amerikanischen Dienstleistungsgewerkschaften nach Europa herüberschwappten. Hinter den Losungen von »Organizing« und »Campaigning« verbirgt sich eine neue Methode gewerkschaftlicher Aktivierung, welche gerade auch für traditionell eher schwer zu rekrutierende Randschichten der unteren sozialen Lagen attraktiv ist. Statt lediglich Beitragszahler für ansonsten funktional hierarchisch aufgebaute Großorganisationen zu sein, werden die Mitglieder in diesem Modell kampagnenorientiert strategisch hineingenommen, ja nach vorne geschoben. So zumindest sieht es das Konzept vor. Doch hat eine Studie über die Resultate verschiedener Organisationstypen der amerikanischen Gewerkschaftsbewegung ergeben, dass in der Tat jene Formationen

> »erfolgreicher bei der Mitgliederwerbung – auch bei prekär Beschäftigten, Migranten und Frauen – sind, die sich stärker als soziale Bewegungen profilieren, eine intelligente Kampagnenorientierung entwickeln, neue gesellschaftliche

Bündnisse zur Stärkung ihrer eigenen Organisationsmacht nutzen und auch vor einer konfliktorischen Politik nicht zurückscheuen« (Dörre 2007: 71).

Allerdings ist von einem solchen eigensinnigen gewerkschaftlichen Basisaktivismus in der deutschen Zivilgesellschaft nicht viel zu erkennen. In einer neuen Studie des Heidelberger Sinus-Instituts über Einstellungen und Trends in der bundesdeutschen Gesellschaft 2008 wird vielmehr konstatiert, dass alle »Zeichen auf eine un- bis antipolitische Zivilgesellschaft hinweisen, in der sich die Mehrheit dem ›System‹ entzieht. Der Modernisierungspfad in Deutschland verläuft derzeit *unterhalb* des Institutionengefüges.« (Sinus Trendforschung 2008: 93) In der Tat gibt es zahlreiche Indikatoren für einen prononcierten Apolitismus zivilgesellschaftlicher Initiativen.[1] Paul Dekker beispielsweise beschreibt, dass eine gewisse »moralische Stille« mit einer wachsenden Abwesenheit von expliziten politischen Argumenten bei Freiwilligen zusammenhänge. Soziale Freiwilligenarbeit würde sich weg (von dem Tocqueville'schen Idealtypus und) von der Basis politischer Partizipation und hin zu ihrem Gegenteil entwickeln (Dekker 2008: 16). Dietlind Stolle und Marc Hooghe beschreiben ebenfalls das Un- oder Apolitische als ein ganz spezielles Charakteristikum der »neuen« Formen von Partizipation. Die Autoren weisen darauf hin, dass die Akteure der Zivilgesellschaft selbst oft ihre Aktionen nicht mehr länger als »politisch« begreifen. Diese Label verweigern sie ihnen, es entstünde politische Mobilisierung, die sich nicht länger explizit als »politisch« bezeichnet (Stolle/Hooghe 2004: 160). Robert Putnam und andere haben darauf ebenfalls schon in ihrer internationalen Vergleichsstudie aufmerksam gemacht. Sie sehen die Gefahr, dass die »großen Themen« kaum mehr Vertretung finden.

»Die alten Formen des Sozialkapitals [...] beinhalteten auch größere soziale Ziele – die Befreiung der Arbeiterklasse, Seelen zu retten oder programmatische Veränderungen der Gesellschaft – nicht nur in den missionarischen Statements, sondern auch in den Leben der individuellen Aktivisten.« (Putnam 2002: 411)

Kollektive Ziele ortet man in der vielfältigen, heterogenen und individuellen Zivilgesellschaft nur in Ausnahmefällen (Putnam 2002: 412).

Doch auch im Inneren der Zivilgesellschaft sind genug Defizite zu verzeichnen. Fast erstaunt hat etwa Nina Eliasoph festgestellt, dass

1 | Die Argumentation hierzu basiert auf vielen Anregungen von Johanna Klatt.

trotz aller begeisterter Rekurse auf die Zivilgesellschaft niemand bislang präzise hingeschaut hätte, was genau dort wie getrieben wird: »Yet, surprisingly, no one has seriously studied everyday conversation in volunteer groups, to discover how or if such groups work the magic that we attribute to them.« (Eliasoph 2003: 199) In den Vereinen lautete häufig das Motto: Bloß nicht über Politik reden! Es sei keineswegs alles so schön, wie man es gern male, warnt die Autorin (Eliasoph 2003: 211). Vor allem existieren erhebliche Unterschiede der Diskurse zwischen der vorderen und der hinteren Bühne von zivilgesellschaftlichen Organisationen (»dramatic shifts« between »frontstage« und »backstage« in discourse [Eliasoph 2003: 210]). Und weiter: Es dürften etliche demokratische und rechtliche Probleme entstehen, wenn sich ein großer Teil der aktiven Eliten von Parteien ab- und einer pluralisierten, spezialisierten Zivilgesellschaft zuwendet: Von den Arbeitsrechten der Mitarbeiter bis hin zu den innerdemokratischen Wahlmechanismen stößt man auf problematische Strukturen; rechtliche oder demokratische Mängel fallen in einer pluralisierten, partikularen Zivilgesellschaft viel weniger auf. Es gibt eben auch »dunkle Seiten« (Roth 2003), eine »bad civil society« (Chambers 2001).

Schwierigkeiten werden so insbesondere dann alle diejenigen bekommen, die sich weder auf dem freien Markt behaupten noch zur freien Selbstorganisation fähig sind. Man weiß nicht recht, was aus ihnen werden soll. Sie brauchen einen handlungsfähigen Staat, der robust Transfers von oben nach unten erzwingt; sie brauchen kräftige Institutionen, die entschieden ihre Interessen vertreten; sie brauchen kollektiv organisierte Versicherungssysteme, die ihnen verlässlich Schutz bieten. Keine neuehrenamtliche Mildtätigkeit herzensguter Bürgerfrauen kann irgendetwas davon wirksam ersetzen. Am Ende eines bürgergesellschaftlichen Vakuums an Institutionen und Staatlichkeit jedenfalls würde sich das politische System noch weiter delegitimieren.

Management of complexity

Große Illusionen sollte man sich zumindest nicht machen. Auch in bürgergesellschaftlichen Zeiten wird ein erheblicher Teil der Deutschen mit der Verlässlichkeit staatlicher Leistungen rechnen. Das Gros der Deutschen wird auch in Zukunft vom Staat kalkulierbare wohlfahrtliche Sicherungen, moderne infrastrukturelle Angebote, kurzum: Effizienz und überzeugenden Output erwarten. Doch das wird sich gerade unter bürgergesellschaftlichen Bedingungen nicht leicht bewerkstelligen lassen. In Bürgergesellschaften wirken schließlich viele Eigeninitiativen mit. Das mag das Gemeinwesen bei einigen sozialen Diensten entlasten. Das macht die Gesellschaft aber zugleich komplexer, heterogener, unübersichtlicher. Die Zahl der Akteure wird noch größer, damit aber auch die Zahl der Vetomächte und Verhinderer. Das alles minimiert die Steuerungsmöglichkeiten der Politik noch weiter. Politik wird daher noch moderierender und im Ergebnis noch inkonsistenter. Je komplexer aber die Gesellschaft, desto stärker wird und muss die Politik nach verhandlungs- und konkordanzdemokratischen Verfahren und Lösungen suchen. Die Bürgergesellschaft reklamiert Offenheit, Diskurs und Vielfalt; die Politik aber wird darauf mit Intransparenz, informellen Absprachen in kleinen Runden jenseits von Öffentlichkeit und Parlament antworten, um das schwierige Geschäft des »management of complexity« überhaupt noch einigermaßen sachrational hinzubekommen.

Die Politik wird also ihren Steuerungsraum weiter verlieren. Sie wird noch mehr an der Kette bürgergesellschaftlicher Partizipatoren liegen. Doch stellen sich zahlreiche Wähler ihre Wunschpolitiker nach wie vor anders vor: Als energische Leitwölfe, einsam und entschlossen, kantig und kämpferisch, zäh und zielstrebig, als mutige Männer des markigen Machtworts. Nur wenig davon können Politiker in der Bürgergesellschaft sein. Aber eben das – wie auch die mangelnde Kohärenz in Politik und Gesellschaft – mag den Hang zum autoritären Habitus, einer neuen Präferenz für charismatische Anführer am Ende noch steigern, gerade bei jenen, die aus der Wissens- und Bürgergesellschaft herausgefallen sind. Das alles jedenfalls könnte zu den Paradoxien und Ambivalenzen der Bürgergesellschaft gehören.

Aber man darf nun natürlich die Dinge nicht zu pessimistisch betrachten. Ganz so schlimm wird es schon nicht kommen. Denn ganz so forsch bürgergesellschaftlich wird es in der deutschen Republik auch in Zukunft nicht zugehen. Die Menschen sind nicht so, dass sie fortwährend mitwirken, teilhaben, partizipieren, sich engagieren und aktivieren wollen. Dazwischen gibt es stets lange Zeiten der Ermüdung, der Pflege des Intimen und Privaten, des Rückzugs, der Regeneration und Erholung. Deshalb suchen Menschen Entlastung, darum haben sie Delegation, Vertretung, Institutionen, Staatlichkeit und Repräsentanzstrukturen erfunden.

Irgendwo dazwischen mag auch die Bürgergesellschaftlichkeit ihren Platz finden und begründen. Aber eine Alternative zum Parteistaat ist sie nicht. Man wird weiter auf der Suche bleiben müssen.

Literatur

Alemann, Ulrich von (Hg.) (1985): Parteien und Wahlen in Nordrhein-Westfalen, Köln.

Alt, Franz (1975): »CDU/CSU: Liberal oder christlich-demokratisch?«, in: Sonde, Nr. 4, S. 55-62.

Altermatt, Urs (1993): »Kirchengeschichte im Wandel. Von den kirchlichen Institutionen zum katholischen Alltag«, in: Zeitschrift für Schweizerische Kirchengeschichte, H. 87.

Altermatt, Urs (1995): »Katholizismus. Antimodernismus mit modernen Mitteln«, in: Ders. et al. (Hg.), Moderne als Problem des Katholizismus, Regensburg.

Apel, Hans (1990): Der Abstieg. Politisches Tagebuch 1978-1988, Stuttgart.

Appelius, Stefan (1999): Heine. Die SPD und der lange Weg zur Macht, Essen.

Aretz, Eckart (2007): »Eine Wundertüte, in der jeder kramen kann«, abrufbar unter www.tagesschau.de/inland/cduparteitag24.html.

Augstein, Franziska (2005): »Das Proletariat wählt rechts«, in: Kursbuch 161, S. 30-33.

Barclay, David E. (2000): Schaut auf diese Stadt. Der unbekannte Ernst Reuter, Berlin.

Baring, Arnulf (1982): Machtwechsel. Die Ära Brandt/Scheel, Stuttgart.

Bavendamm, Dirk (1971): Bonn unter Brandt. Machtwechsel oder Zeitenwende, Wien.

Becker, Winfried (Hg.) (1986): Die Minderheit als Mitte. Die Deutsche Zentrumspartei in der Innenpolitik des Reiches 1871-1933, Paderborn.

Bethschneider, Monika (1987): Wahlkampfführung und politische Weltbilder, Frankfurt a.M.

Beyme, Klaus von (2000): Parteien im Wandel. Von den Volksparteien zu den professionalisierten Wählerparteien, Wiesbaden.

Biehl, Heiko (2005): Parteimitglieder im Wandel. Partizipation und Repräsentation, Wiesbaden.

Birnstein, Uwe (2006): Johannes Rau – der Versöhner. Ein Porträt, Berlin.

Blaschke, Olaf/Kuhlemann, Frank-Michael (Hg.) (1996): Religion im Kaiserreich. Milieus – Mentalitäten – Krisen, Gütersloh.

Bösch, Frank (2002a): Macht und Machtverlust, Stuttgart/München.

Bösch, Frank (2002b): Das konservative Milieu, Göttingen.

Bösch, Frank (2002c): Macht und Machtverlust. Die Geschichte der CDU, Stuttgart/München.

Bösch, Frank (2001): Die Adenauer-CDU. Gründung, Aufstieg und Krise einer Erfolgspartei 1945-1969, Stuttgart/München.

Bösch, Frank (1999): »›Zu katholisch‹. Die Durchsetzung der CDU und das schwierige Zusammengehen der Konfessionen in der Bundesrepublik Deutschland«, in: Dürr, Tobias/Walter, Franz (Hg.), Solidargemeinschaft und fragmentierte Gesellschaft. Parteien, Milieus und Verbände im Vergleich, Opladen, S. 395-418.

Brandt, Willy (2000): Auf dem Weg nach vorn. Willy Brandt und die SPD. 1947-1972, bearb. von Daniela Münkel, Bonn.

Braun, Stefan (2003): »CDU-Mittelstand für radikales Streichkonzert«, in: Stuttgarter Zeitung, 22.05. 2003.

Brink, Gabriel van den (2003): »Bedrijvige en bedreigde burgers«, Lesung vor der Jan Amos Genootschap.

Brömme, Norbert/Strasser, Hermann (2001): »Gespaltene Bürgergesellschaft? Die ungleichen Folgen des Strukturwandels von Engagement und Partizipation«, in: Aus Politik und Zeitgeschichte 51, Nr. 25-26, S. 6-14.

Bürklin, Wilhelm/Neu, Viola/Veen, Hans-Joachim (1997): Die Mitglieder der CDU. KAS-Internet Studie Nr. 148, Sankt Augustin.

Buttinger, Joseph (1972): Das Ende der Massenparteien am Beispiel Österreichs, Frankfurt a.M.

Chambers, Simone/Kopstein, Jeffrey (2001): »Bad Civil Society«, in: Political Theory 29, Nr. 6, S. 837-865.

Coumanns, Bernd/Kremer, Holger (2001): »Kontinuität trotz Wandel. Über die Regierungsbeständigkeit der SPD in Nordrhein-Westfalen«, in: Hirscher, Gerhard/Korte, Karl Rudolf (Hg.), Aufstieg und Fall von Regierungen, München.

Decker, Frank (2005): »Politikverdrossenheit ohne Ende? Zur Krise der deutschen Parteiendemokratie«, in: Gesellschaft-Wirtschaft-Politik, H. 1, S. 101-126.

Decker, Frank (2000): Parteien unter Druck. Der neue Rechtspopulismus in den westlichen Demokratien, Opladen.

Decker, Markus (2006): »Borghorst, Münsterland«, in: Kölner Stadt-Anzeiger, 15.5. 2006.

Dekker, Paul (2008): »Civic Virtues and Volunteering in Europe«. Notes for a lecture at the conference on Contemporary European Perspectives on Volunteering, Ersta Sköndal Högskola, Stockholm, 10.-12.09.2008, abrufbar unter: http://cinefogo.cuni.cz/index.php?&id_result=3395&l=0&w=15&id_out=671 (zuletzt eingesehen am 01.12.2008).

Dörner, Andreas/Vogt, Ludgera (2001): »Das Kapital der Bürger«, in: Gegenwartskunde, H. 1, S. 43-56.

Dörre, Klaus (2007): »Gewerkschaften und die kapitalistische Landnahme: Niedergang oder strategische Wahl?«, in: Geiselberger, Heinrich (Hg.): Und jetzt? Politik, Protest und Propaganda, Frankfurt a.M., S. 53-78.

Dowe, Dieter (Hg.) (1993): Partei und soziale Bewegung. Kritische Beiträge zur Entwicklung der SPD seit 1945, Bonn.

Duverger, Maurice (1959): Die politischen Parteien, Tübingen.

Egle, Christoph/Ostheim, Tobias/Zohlnhöfer, Reimut (Hg.) (2003): Das rot-grüne Projekt. Eine Bilanz der Regierung Schröder 1998-2002, Wiesbaden.

Ehmke, Horst (1994): Mittendrin. Von der Großen Koalition zur deutschen Einheit, Berlin.

Ehrlich, Peter (2008): »Ideenlos im Kanzleramt«, in: Financial Times Deutschland, 28.2.2008.

Eith, Ulrich (2005): Parteibindung in Deutschland, Sankt Augustin.

Eliasoph, Nina (2003): »Cultivating Apathy in Voluntary Associations«, in: Dekker, Paul et al. (Hg.), The values of volunteering – cross-cultural perspectives, New York (u.a.), S. 199-212.

Eppler, Erhard (1996): Komplettes Stückwerk. Erfahrungen aus fünfzig Jahren Politik, Frankfurt a.M. u.a.

Falter, Jürgen (1981): »Kontinuität und Neubeginn. Die Bundestagswahl 1949 zwischen Weimar und Bonn«, in: Politische Vierteljahresschrift, H. 22, S. 236-263.

Faulenbach, Bernd (1997): »Die Parteien- und Wahlentwicklung als Spiegel der Veränderung der politischen Kultur im Ruhrgebiet«, in: Barbian, Jan-Pietger/Heid, Ludger (Hg.), Die Entdeckung des

Ruhrgebiets. Das Ruhrgebiet in Nordrhein-Westfalen 1946-1996, Essen, S. 68ff.

Fischer, Benno (1987): Theoriediskussion der SPD in der Weimarer Republik, Frankfurt a.M./Bern/New York.

Franz, Corinna/Gnad, Oliver (2005): CDU und CSU. Mitgliedschaft und Sozialstruktur 1945-1990, Düsseldorf.

Friedrich-Ebert-Stiftung (2006): Gesellschaft im Reformprozess, abrufbar unter www.infratest-politikforschung.de/download/FES_Ergebnisse.pdf.

Gabriel, Oscar W. (2000): »Partizipation, Interessenvermittlung und politische Gleichheit«, in: Wissenschaftszentrum Berlin für Sozialforschung (Hg.), Zur Zukunft der Demokratie, Berlin.

Gabriel, Karl (1993): »Die Katholiken in den fünfziger Jahren. Restauration, Modernisierung und beginnende Auflösung eines konfessionellen Milieus«, in: Schildt, Axel/Sywotek, Arnold (Hg.), Modernisierung und Wiederaufbau. Die westdeutsche Gesellschaft der fünfziger Jahre, Bonn.

Gabriel, Sigmar (2008): Links neu denken. Politik für die Mehrheit, München.

Gauland, Alexander (1994): Helmut Kohl – ein Prinzip, Berlin.

Gensicke, Thomas/TSN Infratest Sozialforschung, im Auftrag des Bundesministeriums für Familie, Senioren, Frauen und Jugend (2005): Freiwilliges Engagement in Deutschland 1999-2004. Ergebnisse der repräsentativen Trenderhebung zu Ehrenamt, Freiwilligenarbeit und bürgerschaftlichem Engagement. Kurzfassung, München.

Gensicke, Thomas (2006): »Bürgerschaftliches Engagement in Deutschland«, in: Aus Politik und Zeitgeschichte, Nr. 12, S. 9-16.

Gerstenmaier, Eugen (1956): Rede von Bundestagspräsident Eugen Gerstenmaier beim Staatsakt zum 17. Juni 1956, Bulletin des PuIA, Nr. 110.

Glotz, Peter (1979): Die Innenausstattung der Macht. Politisches Tagebuch 1976-1978, München.

Glotz, Peter (2005): Von Heimat zu Heimat. Erinnerungen eines Grenzgängers, Berlin.

Gotto, Klaus/Buchstab, Günter (Hg.) (1990): Die Gründung der Union, München.

Grebing, Helga (2007): Geschichte der deutschen Arbeiterbewegung. Von der Revolution 1848 bis ins 21. Jahrhundert, Berlin.

Greschat, Martin (2000): »Konfessionelle Spannungen in der Ära Adenauer«, in: Sauer, Thomas (Hg.), Katholiken und Protestanten in den Aufbaujahren der Bundesrepublik, Stuttgart, S. 19-35.

Groh, Dieter (1973): Negative Integration und revolutionärer Attentismus. Die deutsche Sozialdemokratie am Vorabend des 1. Weltkrieges, Frankfurt a.M./Berlin.

Hachtmann, Rüdiger (1989): Industriearbeit im »Dritten Reich«. Untersuchungen zu den Lohn- und Arbeitsbedingungen in Deutschland 1933 bis 1945, Göttingen.

Hanley, David (2003): »Die Zukunft der europäischen Christdemokratie«, in: Politik und Religion, Wiesbaden, S. 231-255.

Haungs, Peter (1983): »Die Christlich-Demokratische Union Deutschlands (CDU) und die Christlich-Soziale Union in Bayern (CSU)«, in: Hans-Joachim Veen (Hg.), Christlich-demokratische und konservative Parteien in Westeuropa, Band 1, Paderborn, S. 9-194.

Hehl, Ulrich v. (1986): »Die Zentrumspartei – Ihr Weg vom ›Reichsfeind‹ zur parlamentarischen Schlüsselstellung in Kaiserreich und Republik«, in: Dunk, Hermann v.d. (Hg.), Auf dem Weg zum modernen Parteienstaat, Melsungen.

Heimann, Siegfried (1986): »Die Sozialdemokratische Partei Deutschlands«, in: Stöss, Richard (Hg.), Parteien-Handbuch. Die Parteien der Bundesrepublik Deutschland 1945-1980, Sonderausgabe, Bd. 4, Opladen, S. 2025-2216.

Heimann, Siegfried/Walter, Franz (1993): Religiöse Sozialisten und Freidenker in der Weimarer Republik, Bonn.

Hennecke, Hans-Jörg: »Der unverbesserliche Rationalismus«, in: criticon 185, S. 35-38.

Herbert-Quandt-Stiftung (Hg.) (2007): Zwischen Erosion und Erneuerung. Die gesellschaftliche Mitte in Deutschland. Ein Lagebericht, Frankfurt a.M.

Hirscher, Gerhard (2006): »Ende der bürgerlichen Mehrheit? Die Oppositionsparteien CDU, CSU und FDP«, in: Jesse, Eckard/Sturm, Roland (Hg.), Bilanz der Bundestagswahl 2005, Wiesbaden, S. 83-118.

Hitze, Guido (2007): »Die Partei und das Land. Der Mythos vom ›sozialdemokratischen Stammland NRW‹«, in: Brautmeier, Jürgen/Heinemann, Ulrich (Hg.), Mythen – Möglichkeiten – Wirklichkeiten. 60 Jahre Nordrhein-Westfalen, Essen, S. 153ff.

Hodgkinson, Virginia A. (2003): »Volunteering in Global Perspective«, in: Dekker, Paul et al. (Hg.), The values of volunteering – cross-cultural perspectives. New York (u.a.), S. 35-53.

Hoell, Joachim (2004): Oskar Lafontaine. Provokation und Politik. Eine Biografie, Braunschweig.

Hofmann, Robert (1993): Geschichte der deutschen Parteien. Von der Kaiserzeit bis zur Gegenwart, München.

Hölscher, Lucian (1989): Weltgericht oder Revolution. Protestantische und sozialistische Zukunftsvorstellungen im Kaiserreich, Stuttgart.

Hürten, Heinz (1986): Kurze Geschichte des deutschen Katholizismus 1800-1960, Mainz.

Infratest Dimap: »Bundestagswahl 2005«, abrufbar unter http://stat.tagesschau.de/wahlarchiv/wid246/umfragealtero.shtml

Jäger, Wolfgang/Link, Werner (1984): Republik im Wandel 1974-1982. Die Ära Schmidt, Stuttgart.

Jesse, Eckhard (2003): »Junge Frauen wählen lieber SPD«, in: Die Welt, 19.11.2003.

Kauder, Volker (2008): »Interview mit Volker Kauder«, in: Frankfurter Allgemeine Sonntagszeitung, 24.08.2008.

Kaufmann, Franz-Xaver (1995): »Katholizismus und Moderne«, in: Altermatt, Urs et al. (Hg.), Moderne als Problem des Katholizismus, Regensburg.

Kintz, Melanie (2006): »Daten zur Berufsstruktur des 16. Bundestages«, in: Zeitschrift für Parlamentsfragen, H. 3, S. 461-480.

Kirchheimer, Otto (1965): »Der Wandel des westeuropäischen Parteiensystems«, in: Politische Vierteljahresschrift 6, H. 1, S. 20-41.

Kirchheimer, Otto (1967): »Wandlungen der politischen Opposition«, in: Parlamentarismus, S. 410-424.

Klages, Helmut (1999a): »Individualisierung als Triebkraft bürgerschaftlichen Engagements«, in: Kistler, Ernst/Priller, Eckhard/Noll, Heinz-Herbert (Hg.), Perspektiven gesellschaftlichen Zusammenhalts: empirische Befunde, Praxiserfahrungen, Meßkonzepte, Berlin, S. 101-112.

Klages, Helmut (1999b): »Bürgerschaftliches Engagementpotential«, in: Politische Studien 50, Nr. 363, S. 46-60.

Klenke, Dietmar/Lilje, Peter/Walter, Franz (1992): Arbeitersänger und Volksbühnen in der Weimarer Republik, Bonn.

Kleßmann, Christoph (1993): Das gespaltene Land. Leben in Deutschland 1945-1990, München.

Klotzbach, Kurt (1982): Der Weg zur Staatspartei. Programmatik, praktische Politik und Organisation der deutschen Sozialdemokratie 1945 bis 1965, Berlin.

Köcher, Renate (1988): »Die Entwicklung von Religiosität und Kirchlichkeit seit dem Zweiten Weltkrieg bis heute«, in: Diakonia, H. 19.

Kohler, Georg (2007): »Über den Freisinn – eine Dekadenzgeschichte«, in: Neue Züricher Zeitung vom 7.09.#2007.

Korte, Karl-Rudolf (2005): Wahlen in der Bundesrepublik Deutschland, Bonn.

Kühnlein, Irene/Böhle, Fritz (2002): »Motive und Motivationswandel des bürgerschaftlichen Engagements«, in: Enquete-Kommission »Zukunft des Bürgergesellschaftlichen Engagements«, Deutscher Bundestag (Hg.), Bürgerschaftliches Engagement und Erwerbsarbeit, Bd. 9, Opladen, S. 268-297.

Kurbjuweit, Dirk (2008): Nicht die ganze Wahrheit, München.

Kurbjuweit, Dirk (2006): »In der Ich-Mühle«, in: Der Spiegel, Nr. 44.

Landesbetrieb für Statistik und Kommunikationstechnologie Niedersachsen (LSKN) (2008): Statistische Berichte Niedersachsen 2008, abrufbar unter http://cdl.niedersachsen.de/blob/images/C48664929_L20.pdf

Landeszentrale für Politische Bildung, Nordrhein-Westfalen (Hg.) (1984): Nordrhein-Westfalen. Eine politische Landeskunde, Köln.

Langewiesche, Dieter (1988): Liberalismus in Deutschland, Frankfurt a.M.

Langewiesche, Dieter (1982): »Politik – Gesellschaft – Kultur. Zur Problematik von Arbeiterkultur und kulturellen Arbeiterorganisationen in Deutschland nach dem Ersten Weltkrieg«, in: Archiv für Sozialgeschichte, Bd. 22, S. 359-402.

Lappenkühler, Ulrich (2001): »Zwischen ›Sammlungsbewegung‹ und ›Volkspartei‹. Die CDU 1945-1969«, in: Gehler, Michael/Kaiser, Wolfram/Wohnout, Helmut (Hg.), Christdemokratie in Europa, Wien/Köln/Weimar, S. 385-398.

Lehnert, Detlef (1983): Sozialdemokratie zwischen Protestbewegung und Regierungspartei 1848 bis 1983, Frankfurt a.M.

Lehnert, Detlef/Megerle, Klaus (Hg.) (1990): Politische Teilkulturen zwischen Integration und Polarisierung. Zur politischen Kultur in der Weimarer Republik, Opladen.

Leif, Thomas/Raschke, Joachim (1994): Rudolf Scharping, die SPD und die Macht. Eine Partei wird besichtigt, Reinbek.

Lepsius, Rainer M. (1973): »Parteiensystem und Sozialstruktur. Zum Problem der Demokratisierung der deutschen Gesellschaft«, in: Ritter, Gerhard A. (Hg.), Die deutschen Parteien vor 1918, Köln, S. 56-80.

Leugers-Scherzberg, August H. (2002): Die Wandlungen des Herbert Wehner. Von der Volksfront zur Großen Koalition, Berlin/München.

Liedhegener, Antonius (1993): »Marktgesellschaft und Milieu«, in: Historisches Jahrbuch 113.

Liessmann, Konrad Paul (2006): Theorie der Unbildung. Die Irrtümer der Wissensgesellschaft, Wien.

Lösche, Peter (1983): Kleine Geschichte der deutschen Parteien, Stuttgart/Berlin/Köln.

Lösche, Peter/Walter, Franz (1989): »Zur Organisationskultur der sozialdemokratischen Arbeiterbewegung in der Weimarer Republik. Niedergang der Klassenkultur oder solidargemeinschaftlicher Höhepunkt?«, in: Geschichte und Gesellschaft, Jg. 15, H. 4, S. 511-536.

Lösche, Peter/Walter, Franz (1992): Die SPD: Klassenpartei – Volkspartei – Quotenpartei. Zur Entwicklung der Sozialdemokratie von Weimar bis zur deutschen Vereinigung, Darmstadt.

Lütjen, Torben: Karl Schiller (1911-1994), Bonn.

Magee, Bryan (1998): Bekenntnisse eines Philosophen, München.

Magee, Bryan (1976): »Propheten des Untergangs«, in: Lührs, Georg/Sarrazin, Thilo/Spreer, Frithjof et al. (Hg.), Kritischer Rationalismus II. Diskussion und Kritik, Berlin/Bad Godesberg, S. 255ff.

Mair, Peter (2006): »Ruling the Void: The Hollowing of Western Democracy«, in: New Left Review, 42, S. 25-52.

Mayer, Karl Ulrich (2000): »Die Bildungsgesellschaft«, in: Pongs, Armin: In welcher Gesellschaft leben wir eigentlich?, München.

Merkel, Wolfgang et al. (2006): Die Reformfähigkeit der Sozialdemokratie. Herausforderungen und Bilanz der Regierungspolitik in Westeuropa, Wiesbaden.

Merseburger, Peter (1995): Der schwierige Deutsche. Kurt Schumacher. Eine Biographie, Stuttgart.

Merseburger, Peter (2002): Willy Brandt 1913-1992. Visionär und Realist, Stuttgart/München.

Metzler, Gabriele (2002): »Am Ende aller Krisen? Politisches Denken und Handeln in der Bundesrepublik der sechziger Jahre«, in: Historische Zeitschrift, Bd. 275, S. 57-103.

Metzler, Gabriele (2005): Konzeptionen politischen Handelns von Adenauer bis Brandt. Politische Planung in der pluralistischen Gesellschaft, Paderborn u.a.

Michels, Robert (1957): Zur Soziologie des Parteienwesens in der modernen Demokratie. Untersuchungen über die oligarchischen Tendenzen des Gruppenlebens, Neudruck der 2. Aufl., Stuttgart (zuerst 1925).

Micus, Matthias (2005): Die »Enkel« Willy Brandts. Aufstieg und Politikstil einer SPD-Generation, Frankfurt a.M.

Miller, Susanne/Potthoff, Heinrich (2002): Kleine Geschichte der SPD 1848-2002, 8. akt. u. erw. Aufl., Bonn.

Mittag, Jürgen/Tenfelde, Klaus (2007): Versöhnen statt spalten. Johannes Rau: Sozialdemokratie, Landespolitik und Zeitgeschichte, Oberhausen.

Mooser, Josef (1984): Arbeiterleben in Deutschland 1900-1970. Klassenlagen, Kultur und Politik, Frankfurt a.M.

Mouffe, Chantal (2007): Über das Politische, Frankfurt a.M.

Nachtwey, Oliver (2008): »In der Mitte gähnt der Abgrund. Die Krise der SPD«, in: Blätter für deutsche und internationale Politik, 57, H. 8, S. 58-68.

Neu, Viola (2007): Die Mitglieder der CDU. Eine Umfrage der Konrad-Adenauer-Stiftung, Sankt Augustin/Berlin.

Niedermayer, Oskar (Hg.) (1999): Die Parteien nach der Bundestagswahl 1998, Opladen.

Niedermayer, Oskar (2008): Parteimitglieder in Deutschland. Version Arbeitshefte aus dem Otto-Stammer-Zentrum, Nr. 13, abrufbar unter www.polwiss.fu-Berlin.de/people/niedermayer/docs/AHOSZ 13.pdf

Nipperdey, Thomas (1998): Deutsche Geschichte 1800-1866. Bürgerwelt und starker Staat, München.

Nipperdey, Thomas (1988): Religion im Umbruch. Deutschland 1870-1918, München.

O. A. (2007): »Die deutschen Christdemokraten passen sich dem Zeitgeist an«, in: Neue Zürcher Zeitung, 09.05.2007.

Oberpriller, Martin (2004): Jungsozialisten. Parteijugend zwischen Anpassung und Opposition, Bonn.

Perger, Werner A. (2008): »Sanfter Konservatismus und der Verlust der Mitte«, in: Internationale Politikanalyse, hg. von der Friedrich Ebert Stiftung, abrufbar unter http://library.fes.de/pdf-files/id/ipa/05424.pdf.

Pirker, Theo (1965): Die SPD nach Hitler. Die Geschichte der Sozialdemokratischen Partei Deutschlands 1945-1964, München.

Putnam, Robert D. (2000): Bowling alone, New York u.a.

Pyta, Wolfram (1996): Dorfgemeinschaft und Parteipolitik 1918-1933. Die Verschränkung von Milieu und Parteien in den protestantischen Landgebieten Deutschlands in der Weimarer Republik, Bonn.

Putnam, Robert D. (2002): »Conclusion«, in: Putnam, Robert D. (Hg.), Democracies in Flux: The Evolution of Social Capital in Contemporary Society, New York, S. 393-416.

Quink, Cornelia (1987): »Milieubedingungen des politischen Katholizismus in der Bundesrepublik«, in: Berg-Schlosser, Dirk/Schissler, Jakob (Hg.), Politische Kultur in Deutschland. Bilanz und Perspektiven der Forschung (Politische Vierteljahresschrift, Sonderheft 18), S. 309-321, Opladen.

Rabenschlag, Ann-Judith (2008): »Für eine bessere ›Bevölkerungsqualität‹«, in: Nordeuropaforum, H. 1, S. 47ff.

Rau, Johannes/Roll, Evelyn (2004): Weil der Mensch ein Mensch ist ...: Johannes Rau im Gespräch mit Evelyn Roll, Berlin.

Rauh-Kühne, Cornelia (1991): Katholisches Milieu und Kleinstadtgesellschaft, Ettlingen 1918-1933, Sigmaringen.

Ritter, Gerhard A. (1980): Staat, Arbeiterschaft und Arbeiterbewegung in Deutschland. Vom Vormärz bis zum Ende der Weimarer Republik, Berlin/Bonn.

Rohe, Karl (1992): Wahlen und Wählerverhalten in Deutschland. Kulturelle Grundlagen deutscher Parteien und Parteiensysteme im 19. und 20. Jahrhundert, Frankfurt a.M.

Rosenbaum, Heidi (1992): Proletarische Familien. Arbeiterfamilien und Arbeiterväter im frühen 20. Jahrhundert zwischen traditioneller, sozialdemokratischer und kleinbürgerlicher Orientierung, Frankfurt a.M.

Roth, Dieter/Wüst, Andreas M. (2006): »Abwahl ohne Machtwechsel? Die Bundestagswahl 2005 im Lichte langfristiger Entwicklungen«, in: Jesse, Eckhard/Struns, Roland (Hg.), Bilanz der Bundestagswahl 2005 – Voraussetzungen, Ergebnisse, Folgen, München, S. 43-170.

Roth, Roland (2003): »Die dunklen Seiten der Zivilgesellschaft. Grenzen einer zivilgesellschaftlichen Fundierung von Demokratie«, in: Neue Soziale Bewegungen 16, Nr. 2, S. 59-73.

Rudolph, Karsten (1995): Die sächsische Sozialdemokratie vom Kaiserreich zur Republik 1871-1923, Weimar u.a.

Rudolph, Karsten (2003): »Die deutsche Sozialdemokratie im Wandel ihrer Grundsatzprogramme«, in: Jelich, Franz-Josef/Goch, Stefan (Hg.), Geschichte als Last und Chance. Festschrift für Bernd Faulenbach, Essen, S. 479-494.

Ruppert, Karsten (1992): Im Dienst am Staat von Weimar. Das Zentrum als regierende Partei in der Weimarer Demokratie 1923-1930, Düsseldorf.

Saldern, Adelheid von (1999): Häuserleben. Zur Geschichte des städtischen Arbeiterwohnens vom Kaiserreich bis heute, Bonn.

Scheer, Hermann (2003): Die Politiker, München.

Schlieben, Michael (2007): Politische Führung in der Opposition, Göttingen.

Schmid, Carlo (1960): Vom Gestern zum Morgen, München.

Schmid, Josef (2008): »Die CDU nach 2005: Von Wahl zu Wahl – und doch kein Wandel?«, in: Niedermeyer, Oskar (Hg.), Die Parteien nach der Bundestagswahl 2005, Berlin, S. 67-81.

Schmidt, Ute (1987): Zentrum oder CDU: Politischer Katholizismus zwischen Tradition und Anpassung, Opladen.

Schmitt, Carl (1926): Die geistesgeschichtliche Lage des heutigen Parlamentarismus, Berlin.

Schmitt, Carlo (2002): Der Begriff des Politischen, Text von 1932 mit einem Vorwort und drei Corollarien, 7. Aufl., Berlin.

Schmitt, Karl: »Religiöse Bestimmungsfaktoren des Wahlverhaltens. Entkonfessionalisierung mit Verspätung?«, in: Oberdörfer, Dieter/Rattinger, Hans/Schmitt, Karl (Hg.), Wirtschaftlicher Wandel, religiöser Wandel und Wertewandel. Folgen für das politische Verhalten in der Bundesrepublik Deutschland, Berlin 1985, S. 291-333.

Schneider, Michael (1999): Unterm Hakenkreuz. Arbeiter und Arbeiterbewegung 1933 bis 1939, Bonn (Geschichte der Arbeiter und der Arbeiterbewegung in Deutschland seit dem Ende des 18. Jahrhunderts, Bd. 12).

Schneider, Michael (2000): Kleine Geschichte der Gewerkschaften. Ihre Entwicklung in Deutschland von den Anfängen bis heute, Bonn.

Schönhoven, Klaus (2004): Wendejahre. Die Sozialdemokratie in der Zeit der Großen Koalition 1966-1969, Bonn.

Schreiber, Hermann (1970): Willy Brandt. Anatomie einer Veränderung. Photographiert von Sven Simon, Düsseldorf u.a.

Schulz-Hardt, Stefan/Lüthgens, Carsten (1996): »Sind die Deutschen risikoscheu? Psychologie des deutschen Zögerns«, in: Universitas, H. 8, S. 803-815.

Seebacher-Brandt, Brigitte (1984): Ollenhauer. Biedermann und Patriot, Berlin/Bonn.

Sinus Trendforschung Deutschland (2008): Trendreport Teil 1. Die aktuellen Linien der soziokulturellen Entwicklung, Heidelberg.

Sinus-Sociovision (2006): Analyse zu politischer Bildung von Konsummaterialisten, o.O.

Soell, Hartmut (1976): Fritz Erler. Eine politische Biographie, 2 Bde., Berlin/Bonn-Bad Godesberg.

SORA-Wahlanalyse (2008): Nationalratswahl Österreich 2008, abrufbar unter www.sora.at/images/doku/SORA_ISA_Analyse_NRW_2008.pdf

Spier, Tim et al. (Hg.) (2007): Die Linkspartei, Wiesbaden.

Stein, Tine (2007): »Konservatismus in Deutschland heute«, in: Kommune, H. 5, S. 6-15.

Stolle, Dietlind/Hooghe, Marc (2004): »Review Article: Inaccurate, Exceptional, One-Sided or Irrelevant? The Debate about the Alleged Decline of Social Capital and Civic Engagement in Western Societies«, in: Belgian Journal of Political Science 35, S. 149-167.

Sühl, Klaus (1988): SPD und öffentlicher Dienst in der Weimarer Republik. Die öffentlich Bediensteten in der SPD und ihre Bedeutung für die sozialdemokratische Politik 1918-1933, Opladen.

Süß, Dietmar (2004): »Die Enkel auf den Barrikaden. Jungsozialisten in der SPD in den Siebzigerjahren«, in: Archiv für Sozialgeschichte, Bd. 45, S. 67-104.

Tenfelde, Klaus (1997): »Das Ruhrgebiet und Nordrhein-Westfalen. Das Land und die Industrieregion im Strukturwandel der Nachkriegszeit«, in: Barbian, Jan-Pietger/Heid, Ludger (Hg.), Die Entdeckung des Ruhrgebiets. Das Ruhrgebiet in Nordrhein-Westfalen 1946-1996, Essen, S. 24ff.

Tocqueville, Alexis de (1987): Über die Demokratie in Amerika (aus d. Franz. von Hans Zbinden), Zürich.

Trampusch, Christine (2008): »Sozialpolitik: Vorwärts- und Rückwärtsreformen und Neuvermessung von Solidarität«, in: WSI Mitteilungen 7/2008, S. 365-371.

Vogel, Hans-Jochen (1996): Nachsichten. Meine Bonner und Berliner Jahre, München.

Wachenheim, Hedwig (1967): Die deutsche Arbeiterbewegung 1844-1914, Köln/Opladen.

Wackers, Frank (2008): Ländlich-Katholisch. Gesellschaftliche und politische Veränderungsprozesse, Kavelaer.

Walter, Franz (2008a): »Freie Demokraten: Dröhnend, laut, verantwortungsfern«, abrufbar unter www.spiegel.de/politik/deutschland/0,1518,526774-2,00.html

Walter, Franz (2008b): »Die Union wankt im Schatten der SPD«, abrufbar unter www.spiegel.de/politik/deutschland/0,1518,580163,00.html

Walter, Franz (2006a): »Die Frustrierten des Bürgertums«, abrufbar unter www.spiegel.de/politik/deutschland/0,1518,418001,00.html

Walter, Franz (2006b): »Union am Scheideweg: Der Niedergang der knallharten Konservativen«, abrufbar unter www.spiegel.de/politik/debatte/0,1518,452589,00.html

Walter, Franz (2006c): »Die Waffen gestreckt«, in: Internationale Politik 61/H. 8, S. 68-69.

Walter, Franz (2005): Abschied von der Toskana. Die SPD in der Ära Schröder, Wiesbaden.

Walter, Franz (2004a): »Hybrid unchristlich«, in: Süddeutsche Zeitung, 12.8.2004.

Walter, Franz (2004b): »Die schöne Zeit der CDU ist vorbei«, in: die Tageszeitung, 20.9.2004.

Walter, Franz (2004c): »Zurück zum alten Bürgertum. CDU/CSU und FDP«, in: Aus Politik und Zeitgeschichte, H. 40, S. 32-38.

Walter, Franz (2002): Die SPD. Vom Proletariat zur Neuen Mitte, Berlin.

Walter, Franz/Dürr, Tobias (2000): Die Heimatlosigkeit der Macht. Wie die Politik in Deutschland ihren Boden verlor, Berlin.

Walter, Franz/Bösch, Frank (1998): »Das Ende des christdemokratischen Zeitalters? Zur Zukunft eines Erfolgsmodells«, in: Dürr, Tobias/Soldt, Rüdiger (Hg.), Die CDU nach Kohl, Frankfurt a.M., S. 46-58.

Walter, Franz (1999): »Katholisches Milieu und politischer Katholizismus in säkularisierten Gesellschaften. Deutschland, Österreich und die Niederlande im Vergleich«, in: Dürr, Tobias/Walter, Franz (Hg.), Solidargemeinschaft und fragmentierte Gesellschaft. Parteien, Milieus und Verbände im Vergleich, Opladen, S. 43-73.

Walter, Franz/Dürr, Tobias/Schmidtke, Klaus (1993): Die SPD in Sachsen und Thüringen zwischen Hochburg und Diaspora. Untersuchungen auf lokaler Ebene vom Kaiserreich bis zur Gegenwart, Bonn.

Walter, Franz/Denecke, Viola/Regin, Cornelia (1991): Sozialistische Gesundheits- und Lebensreformverbände, Bonn.

Walter, Franz (1990): Sozialistische Akademiker- und Intellektuellenorganisationen in der Weimarer Republik, Bonn.

Weber, Petra (1996): Carlo Schmid. 1896-1979. Eine Biographie, München.

Wehler, Hans-Ulrich (2008): Bundesrepublik und DDR 1949-1990, (Deutsche Gesellschaftsgeschichte, Bd. 5) München.

Welskopp, Thomas (2000): Das Banner der Brüderlichkeit. Die deutsche Sozialdemokratie vom Vormärz bis zum Sozialistengesetz, Bonn.

Westerwelle, Guido (1996): Deutscher Bundestag: Plenarprotokoll 13/95 vom 14.03.1996.

Winkler, Heinrich August (1987): Der Weg in die Katastrophe. Arbeiter und Arbeiterbewegung in der Weimarer Republik 1930 bis 1933, Berlin (Geschichte der Arbeiter und der Arbeiterbewegung in Deutschland seit dem Ende des 18. Jahrhunderts, Bd. 11).

Wollebaek, Dag/Selle, Per (2003): »Generations and Organizational Change«, in: Dekker, Paul et al. (Hg.), The values of volunteering – cross-cultural perspectives, New York u.a., S. 161-178.

Zolleis, Udo (2008): Das politische Leitbild im Wandel der Zeit, Wiesbaden.

X-Texte zu Kultur und Gesellschaft

HEINER BIELEFELDT
Menschenrechte in der Einwanderungsgesellschaft
Plädoyer für einen aufgeklärten Multikulturalismus

2007, 216 Seiten, kart., 22,80 €,
ISBN 978-3-89942-720-2

SEBASTIAN DULLIEN,
HANSJÖRG HERR,
CHRISTIAN KELLERMANN
Der gute Kapitalismus
... und was sich dafür nach der Krise ändern müsste (mit einem Vorwort von Gesine Schwan)

Oktober 2009, 248 Seiten, kart., 19,80 €,
ISBN 978-3-8376-1346-9

PETER GROSS
Jenseits der Erlösung
Die Wiederkehr der Religion und die Zukunft des Christentums (2. Auflage)

2008, 198 Seiten, kart., 20,80 €,
ISBN 978-3-89942-902-2

Leseproben, weitere Informationen und Bestellmöglichkeiten finden Sie unter www.transcript-verlag.de